On est foutu, on pense trop !

Dr Serge Marquis

On est foutu, on pense trop !

Comment se libérer de Pensouillard le hamster

Éditions
de La Martinière

Département éditorial Art de vie

Édition originale :
Première édition en 2011 au Québec
par les Éditions Transcontinental
TC Média Livres Inc.
5800, rue Saint-Denis, bureau 900
Montréal (Québec) H2S 3L5,
sous le titre *Pensouillard le hamster. Petit traité de décroissance personnelle.*

Édition française :

Retrouvez-nous sur :
www.editionsdelamartiniere.fr
www.facebook.com/editionsdelamartiniere

Coordination éditoriale : Philippe Lécuyer

ISBN : 978-2-7324-6762-7

À Danielle,
toute ma vie sait pourquoi...

“ *Le Moi ne pourra jamais devenir meilleur. Il peut varier d'un moment à l'autre, mais il reste toujours le Moi, cette activité séparatrice et centrée sur soi, qui espère un jour devenir ce qu'elle n'est pas. [...] Il n'y a que la fin du Moi.* ”

JIDDU KRISHNAMURTI

Sommaire

Introduction

Comment se faire souffrir avec des banalités

> « *Une grande partie de la souffrance humaine est inutile. On se l'inflige à soi-même. Une grande partie de la souffrance humaine est associée à une forme ou à une autre de résistance, de non-acceptation de ce qui est.* »
>
> ECKHART TOLLE

7 heures du matin. Vous êtes dans les toilettes. Vous venez de vous réveiller et votre cerveau est encore dans la brume. Au moment de saisir le papier hygiénique, vous vous rendez compte qu'il n'y en a plus ! Ne reste que le carton. Des mots déferlent alors dans votre tête : « C'est pas vrai ! Pourquoi est-ce toujours à moi que ces choses arrivent ? Ce n'est tout de même pas compliqué de changer un rouleau de papier toilette, m***** ! Faut pas sortir de Saint-Cyr ! »

Il ne s'est écoulé que cinq minutes depuis que vous avez ouvert les yeux et vous êtes déjà dans tous vos états… à cause d'un rouleau vide ! Il a suffi de quelques mots dans votre tête pour que vous ayez les mâchoires serrées et l'estomac noué.

7 h 10. Vous êtes maintenant sous la douche. En temps normal, la bouteille de shampooing est là, toujours au même endroit, question d'efficacité. Ce n'est pas que vous êtes maniaque, non, mais vous avez vos petites habitudes. Tout mouillé, prêt à vous laver les cheveux, vous vous penchez pour attraper la bouteille et, ô surprise, vous empoignez du vide ! Alors, à travers la porte de douche, vous la voyez, immense et narquoise, qui vous défie à l'autre bout de la salle de bains. Le temps d'un éclair, les mots s'activent à nouveau sous votre crâne : « Comment n'a-t-elle (votre fille) pas pensé à la remettre sous la douche ? Est-ce que j'existe, moi, ici ? »

De petites crampes se succèdent entre votre gorge et votre nombril. Seulement dix minutes depuis votre réveil ! La journée promet d'être longue.

7 h 20. Vous cherchez des chaussettes propres dans le tiroir. Vous voulez les marron parce qu'elles se marieraient parfaitement avec votre pantalon beige. Mais vous avez beau fouiller, elles restent introuvables ! Votre conjointe, grande responsable du lavage devant l'Éternel, a malheureusement déjà quitté la maison pour son travail. Et votre esprit de repartir de plus belle : « Ah, Madame est au-dessus de ça ! Tout pour son travail, rien pour les autres, rien pour moi ! N'empêche, si je n'étais pas là, je ne sais pas comment elle s'en tirerait ! Dire que je me plie en quatre pour lui offrir une belle vie et voilà comment je suis récompensé. »

Votre respiration se fait plus courte, comme si vous aviez ces chaussettes marron coincées en travers du gosier. Et le pire dans tout ça, c'est que vous n'avez encore parlé à personne !

7 h 30. Vous êtes dans la cuisine et vous venez de manger une banane. Vous voulez jeter la peau dans la poubelle, sous l'évier. Vous ouvrez la porte, et là, le sac vous offre sa gueule débordante ; un os de poulet a même percé le plastique. Vous vous tournez alors vers votre fille, occupée à manger ses céréales tout en consultant ses messages de la nuit. Tempête sous un crâne, quatrième épisode : « C'est pas croyable ! Comme si je n'avais rien d'autre à faire que de vider la poubelle ! Au service de Mademoiselle-la-Princesse ! C'est sûr, elle pourrait se salir, se contaminer ou se piquer avec l'os de poulet et s'endormir pour cent ans ! Sait-elle seulement changer un sac-poubelle ? »

Vous avez les tripes en bouillie.

7 h 45. En voiture. Vous attendez au feu rouge. Ça passe au vert, mais la voiture devant demeure immobile. Vous voyez l'automobiliste qui gesticule. Il semble s'adresser au passager à l'arrière ; un enfant, visiblement. Déjà trois secondes, au moins, que le feu est passé au vert. Il n'en faut pas plus pour que votre esprit se remplisse de « Mais réveille-toi, imbécile ! T'es peut-être pas pressé, mais moi, on m'attend ! » Et pendant que votre main écrase le klaxon, votre cou semble s'être raccourci sous le poids de votre tête. C'est un peu douloureux, mais cela ne vous arrête pas : « Pas étonnant qu'on soit dans la m***** avec des abrutis dans ton genre ! » Vos mains serrent le volant comme si vous étiez en train d'étrangler quelqu'un. Vos poumons sont presque vides, vos bronches sont un peu crispées et vous voilà frappé d'une toux soudaine digne d'un tuberculeux.

Et dire que votre réveille-matin a sonné il y a à peine une heure.

STOP ! Arrêtez-vous !

Il est grand temps de faire une pause dans votre journée… et surtout dans votre tête.

Nous connaissons tous ces journées où tout va de travers, où le monde entier semble nous en vouloir, personnellement. Des journées compliquées au cours desquelles nos enfants, nos parents, nos collègues, nos amis paraissent s'être ligués pour nous pourrir la vie. Vous voyez de quoi je parle, n'est-ce pas ? D'ailleurs, ne dit-on pas que l'enfer, c'est les autres ?

Pourtant, inconsciemment, que vous le vouliez ou non, c'est vous-même qui vous mettez dans cette situation, qui vous compliquez l'existence en même temps que celle des autres.

Vous souffrez, c'est certain, mais vous ne savez pas quoi faire pour que cesse cette souffrance. Vous ne savez même pas d'où elle vous vient. Avez-vous la moindre idée de ce qui vous fait réagir ainsi ? Non ? Vraiment ?

La réponse est pourtant simple :

Vous avez un hamster dans la tête !

Et ce petit rongeur invisible est capable, en une fraction de seconde, de capter toute votre attention et de se mettre à courir à vous en faire perdre la boule !

Je vous sens sceptique. J'avoue qu'à votre place, je le serais. Pourtant, tout le monde a son hamster. Absolument TOUT LE MONDE ! En commençant par moi, auteur de ce livre. Et si je veux en parler avec vous, c'est que je sais à quel point il peut faire souffrir, car je sais à quel point il m'a fait souffrir.

En ce qui me concerne, je dirais que cette souffrance a commencé vers l'âge de quatre ou cinq ans (oui, si tôt !). Évidemment, à l'époque, tout cela m'échappait et ce n'est que bien plus tard que j'ai eu le privilège d'apprivoiser cette petite bête. J'y ai mis le temps, croyez-moi, beaucoup de temps, et j'ai beaucoup souffert avant de comprendre à quoi l'animal carburait.

J'aimerais donc vous présenter ce fameux hamster et vous apprendre comment calmer ses ardeurs. Car, disons-le tout net, rien ne vous oblige à subir sa présence. Avec ce livre, je souhaite simplement vous aider à vous libérer de cette nuisance, de cette étrange créature qui vit à vos crochets, vous pompe, vous plombe, vous aveugle, vous isole, vous prive, vous abrutit, vous rabaisse, vous ramollit, vous trompe, etc.

Chapitre 1

Quand Pensouillard entre en scène

> « *L'ego est le résultat d'une activité mentale qui crée et maintient en vie une entité imaginaire dans notre esprit.* »
>
> HAN F. DE WIT

Ce petit hamster qui trotte dans la tête des humains, je l'ai appelé Pensouillard. Pourquoi ? Parce qu'il « pensouille » beaucoup, mais pense très peu ! Et ses « pensouillures » occupent notre esprit toute la sainte journée : jugements, blâmes, critiques, ressassements, regrets, etc. Nous vivons tous des périodes de stress où le recul nous manque, où les idées se font confuses et les pensées inutiles, nous empêchant de passer à l'action, d'être à l'écoute de notre bien-être et d'améliorer notre relation aux autres. Bref, vous savez parfaitement de quoi je parle.

Pensouillard porte aussi le nom d'ego, un mot utile pour identifier l'activité mentale qui, quelque part, au cours de l'histoire,

« s'est prise pour un individu[1] » ; en d'autres termes : pour vous, pour moi, le grand Je.

Ne cherchez pas Pensouillard, il est insaisissable ! Même la machine la plus moderne – avec des images en couleurs et en trois dimensions – ne montrera pas le début d'un poil d'oreille de hamster dans votre tête.

Pourtant, c'est un monstre ! Cette petite bête est le maître de la souffrance, celui qui la crée et la répand. Et comment fait-il ? Simplement, en ramenant tout à lui : Moi ! Moi ! Moi ! Pas besoin d'être une superstar pour avoir un ego surdimensionné-démesuré-boursouflé-hypertrophié. Pas besoin non plus de théories psychanalytiques compliquées pour découvrir que ce petit moi n'est qu'un rongeur agité qui, coincé dans sa roue, passe son temps à débiter des « je... », des « Moi... », des « Pourquoi n'est-ce jamais moi qui... ? » ou, à l'inverse, des « Pourquoi est-ce toujours moi qui... ? »

Souvenez-vous du papier hygiénique, du shampooing, de la poubelle, de l'automobiliste... C'est toujours la même rengaine : Moi *contre* les autres. Et Pensouillard défend son titre contre la terre entière !

La plupart des humains ignorent que Pensouillard vit en eux. Dès que celui-ci amorce sa course, il occupe toute la place. Plus

1. Chan, Yen, *La Voie du bambou*, Paris, Éditions Almora, 2006, p. 96.

moyen alors de réfléchir ni de trouver la paix. Plus d'espace pour autre chose que son tintamarre. Pas un centimètre carré de conscience disponible pour observer son manège et les délires qui en sortent.

Revenons un moment sur la journée décrite précédemment, une journée ordinaire dans une vie tranquille, et introduisons la bête, histoire de voir comme elle vous mène par le bout du nez.

L'effet Pensouillard

7 heures du matin. Qui n'a jamais eu à changer le rouleau de papier hygiénique parce que l'utilisateur précédent ne l'avait pas fait ? Probablement personne. Vous voilà donc face au rouleau vide. Quoi de plus inoffensif qu'un tube de carton. Pourtant, vous êtes piqué au vif, blessé au plus profond de vous-même. C'est que votre ego est froissé. Il se sent négligé. Bien sûr, la vie serait plus facile si vous n'aviez pas à faire trois pas pour attraper le nouveau rouleau et si chacun se respectait mutuellement dans cette maison. Ces trois pas constituent une véritable torture. Pourtant, le vrai problème est dans votre tête, dans votre réaction même, dans la course de votre hamster frustré : « Pourquoi est-ce toujours à MOI que ces choses arrivent ? Pourquoi dois-je tout faire ici ? »

Une telle réflexion sous-entend donc que vous, vous l'auriez changé, ce maudit rouleau, car vous, vous êtes différent ! Vous n'êtes pas comme tous ces paresseux qui ne pensent pas plus loin que le bout de leur nez. Vous êtes spécial, exceptionnel. Vous faites ce que personne d'autre ne fait. Vous êtes toujours à l'écoute des autres et de leurs besoins ; jamais vous n'auriez laissé un bout de carton tout nu sur le porte-rouleau. Non, jamais !

Voyez-vous votre hamster s'emballer ?

7 h 10. La bouteille de shampooing n'est pas plus un instrument de torture qui vous est destiné que votre lunatique de fille n'est un bourreau. Mais les pensouillures qui giclent de votre roulette – « Comment n'a-t-elle pas pensé à la remettre dans la douche ? Et les autres ? Et MOI ? » – provoquent une sécrétion d'hormones qui déferlent dans votre sang. Du même coup apparaissent les contractions musculaires et autres réactions qui constituent « le merdier » dans lequel vous devez vivre. L'origine de ce bourbier n'a rien à voir avec la bouteille ni avec votre fille. C'est encore votre ego qui exige d'être considéré à sa juste valeur et qui déblatère ses « Je ne suis quand même pas un meuble après tout ! »

À nouveau, ce pensouillage laisse entendre que vous, l'être à nul autre pareil, vous l'auriez remise dans la douche, cette satanée bouteille. Parce que vous, vous savez ce qu'il faut faire. Vous êtes suffisamment brillant pour distinguer ce qui est respectueux de ce qui ne l'est pas, ce qui est juste de ce qui ne l'est pas, ce qui est bon de ce qui ne l'est pas. Il est ainsi fait, votre moi si spécial ! Mais les autres… Ah ! ces autres, tous des minables !

Et les chaussettes marron qui ne sont pas dans le tiroir ? Et l'os de poulet qui fend le sac-poubelle ? Et l'imbécile qui ne démarre pas au feu vert ?… Autant d'occasions pour le tapage « égoïque » de remplir votre crâne et d'anéantir toute opportunité de silence ou de réflexion intelligente. Ne restent que Pensouillard et ses élucubrations – « Je ne compte plus pour ma femme, ma fille est une princesse et l'automobiliste, là devant, un taré ! » – qu'il considère alors comme de brillantes pensées.

Les situations suivantes vous rappelleront sans aucun doute des moments vécus et vont vous aider à comprendre qu'il suffit d'un instant d'inattention pour que votre hamster prenne le contrôle. Nous avons pourtant tant à gagner à ce qu'il se calme !

Ce hamster qui dérape

8 h 45. Vous êtes face à un auditoire – vous faites un exposé, une présentation de votre travail, un cours magistral… – et pendant que vous parlez, un retardataire fait irruption. Tous les yeux se tournent alors vers lui et, en un clin d'œil, vous avez perdu l'attention de vos spectateurs ! Sans attendre, Pensouillard se déchaîne : « Qu'est-ce qu'ils ont tous à le regarder, celui-là ? Un nul qui trouve toujours le moyen de se faire remarquer ! Et moi, plus personne ne m'écoute ! » L'inconfort vous envahit. Vous perdez le fil de vos idées, vous transpirez, vous bafouillez...

10 heures. Vous écoutez les messages de votre boîte vocale et entendez la voix de votre mère. Elle vous annonce que votre père a été transporté à l'hôpital au cours de la nuit ; il s'est senti mal après avoir regardé le journal télévisé mais on ne connaît pas encore la nature du problème. Ni une, ni deux, Pensouillard se met à galoper : « Zut, ça tombe mal, avec tout ce que j'ai à faire aujourd'hui ! C'est bien lui, ça, tout pour me pourrir la vie ! » Vous avez l'impression que votre tête va éclater, mais vous ne trouvez pas vos cachets. Pensouillard se manifeste à nouveau : « Qui m'a piqué ma boîte d'aspirine ? C'est comme si la vie m'en voulait. Je ne lui ai pourtant rien fait, moi, à la vie ! Pourquoi est-elle si dure avec moi ? »

13 heures. Vous apprenez qu'un de vos collègues vous a soufflé la promotion que vous convoitiez. Et contrairement à lui, vous avez multiplié les heures supplémentaires, sacrifié vos week-ends à des formations, participé à des réunions interminables, tout ça pour rien. Il n'en faut pas plus pour que Pensouillard relance sa roulette : « Pourquoi lui ? Qu'est-ce qu'il a de plus que moi ? Lèche-bottes ! J'aurais dû m'en douter, la compétence, ici, on s'en fout ! Une langue bien pendue vaut mieux qu'un soupçon de talent ! »

Un peu plus tard, les pensouillures changent de registre : « De toute façon, je n'ai plus le goût de travailler ici. Après tout, je ne suis peut-être pas à ma place. Je n'ai plus la niaque, la flamme. En tout cas, pour la reconnaissance, je peux repasser ! » Vous avez le cœur lourd comme un gros caillou.

19 heures. Vous dînez avec des amis. R. est là et raconte ses fameuses histoires. R. est l'homme de tous les exploits : il a rencontré le dalaï-lama, grimpé le Kilimandjaro, vaincu le cancer et fait fortune dans l'immobilier. Maintenant, il consacre une partie de son temps libre en tant que bénévole au sein d'une unité de soins palliatifs. Et ce soir-là, son Pensouillard est particulièrement en forme : « La semaine dernière, j'ai bu un Château d'Yquem 1982 dans ce restaurant cinq étoiles qui vient d'ouvrir. Jamais rien goûté d'aussi fabuleux ! »... « Mardi prochain, j'assiste à un colloque sur l'environnement. J'y ai été invité par un ami qui aimerait que je m'implique. » De son côté, votre propre Pensouillard n'arrête pas de cavaler pendant que Roger palabre : « Pourquoi n'ai-je pas une vie comme ça, moi ? Ça m'énerve, tout lui réussit. Il prendrait un billet de loto qu'il gagnerait, c'est sûr ! Et il est généreux en plus... Écœurant ! » Vous n'avez qu'une envie, foutre le camp. Mais votre Pensouillard vous lance des « De quoi je vais avoir l'air si je m'en vais ? Je devrais plutôt lui montrer qu'il n'est pas tout seul à servir l'humanité. » Et vous continuez à vous gratter les cuisses, comme si vous veniez de subir l'assaut d'une flottille de moustiques.

22 heures. Le téléphone sonne. C'est la police. Votre fils vient d'être arrêté en état d'ébriété et en possession de cannabis. On doit le garder pour la nuit, peut-être même plus longtemps.

Pensouillard bondit dans votre cervelle : « Qu'est-ce que j'ai fait au bon Dieu pour mériter ça ? Il n'a pourtant manqué de rien, cet imbécile ! J'ai toujours été là pour lui ! Et ses amis ! Tous des bons à rien ! »

Minuit. Vous êtes allongé, les yeux grands ouverts. Pensouillard s'est transformé en animal nocturne. Il semble s'être démultiplié. Comme si vous en aviez fait l'élevage. Vous êtes maintenant incapable de réfléchir calmement : « Où est-ce que je me suis trompé ?... Mon fils est un junkie parce que je suis un parent pourri... Ma carrière stagne parce que je suis nul... Même mes amis doivent avoir pitié de moi... » Et ça continue de tourner, comme ça, dans votre tête, pendant des heures. De la vraie torture neuronale.

STOP !

Se calmer les nerfs

Dans toutes ces situations, avez-vous reconnu la présence du gros ego ? Laissez-moi vous aider. Il y a Roger, le collègue fraîchement promu, les amis de votre fils, le retardataire...

Mais pourquoi diable l'attention perdue de votre auditoire vous met-elle dans un tel état ? Il serait pourtant parfaitement extraordinaire que tous les êtres humains soient comme vous, écoutant sans décrocher devant des choses importantes et intéressantes. Certes, dans un monde où tous les Pensouillard auraient été apprivoisés, il en serait peut-être ainsi. Mais nous n'en sommes pas là, loin s'en faut ! Il semblerait même que, en cette époque de modernité, nous assistions à une accélération de la course folle de nos hamsters mentaux, votre esprit en première ligne, évidemment !

Lorsque les yeux et les oreilles de votre auditoire se détournent pour s'attacher au retardataire, votre ego se sent soudainement privé de toute l'attention qui le nourrit. Pour Pensouillard, un tel abandon suscite un cri du cœur : « Et moi alors ? On ne s'occupe plus de moi ? On m'abandonne ? Que va-t-il m'arriver ? » Car Pensouillard veut que tous les projecteurs soient braqués sur lui. Il ne peut pas admettre, ne serait-ce qu'une seconde, que votre conscience s'éveille et vous permette de comprendre ce simple fait : une tête qui se tourne vers une porte qui s'ouvre est un pur réflexe de survie !

Ce réflexe primitif remonte à l'époque où l'homme devait sans cesse surveiller ses arrières, noter le moindre changement dans son environnement afin de n'être pas dévoré tout cru ! Mais Pensouillard ne peut pas voir ça, car il a lui-même terriblement peur de mourir, de disparaître. Voilà pourquoi il consacre autant d'énergie à signaler sa présence, à souligner son importance et sa singularité ; sa petite cervelle de hamster est mue par cette seule logique : lorsqu'on est spécial, unique ou important, il y aura toujours quelqu'un pour s'intéresser à soi. Cette croyance est le moteur de sa course, ainsi que de la souffrance qu'elle entretient. Et au lieu d'être effrayé, comme autrefois, par le surgissement d'une attention qui signifiait qu'on allait servir de repas, l'ego est désormais terrifié par la perspective que toute attention disparaisse (ou n'apparaisse jamais) et qu'ainsi il meure de n'être plus nourri.

Retenez ceci : c'est la peur de notre Pensouillard qui fait naître ces tempêtes sous notre crâne.

C'est bien connu, quand on a peur, on fait du bruit – tous les animaux savent ça. L'ego veut montrer qu'il existe, il doit se faire remarquer, d'une manière ou d'une autre, pour attirer l'attention – d'ailleurs, qui vous dit que ce retardataire n'a pas fait exprès d'arriver en retard, justement pour attirer l'attention ? Il est en perpétuel état d'alerte, essayant de décoder ce qui pourrait lui apporter – ou lui faire perdre – de l'attention. Il sonde constamment les attitudes, les gestes et les physionomies des autres. Il compare, juge, critique, évalue, attaque, blâme, méprise ou encense, adule, vante, séduit, etc. Il brasse tant de choses dans votre tête : ce qui existe et ce qui n'existe pas, ce qui va et ce qui ne va pas, ce qui s'explique et ce qui ne s'explique pas... Rien d'étonnant, parfois, à ce que nous n'y comprenions plus rien. Après tout, quand on court sans arrêt – et depuis si longtemps ! – dans une roulette, il est bien difficile de savoir où ça commence et où ça finit.

Parfois, la peur provoque aussi la paralysie. Nous nous cachons, tentons de nous rendre invisibles, puis nous tremblons. Et là, le cœur se met à tambouriner : Badaboum ! Badaboum ! Rien ne peut empêcher le cœur de faire du bruit quand il se cache !

Tout de même ! Ce maudit R. et ses exploits, la promotion de ce collègue, les mauvaises fréquentations de votre fils... ce ne sont quand même pas des situations agréables ni faciles à vivre, vous entends-je rétorquer.

Je n'ai jamais dit le contraire. Je précise juste que la cause de votre souffrance, c'est votre ego... Pensouillard !... Le hamster fou et sa logorrhée sans fin dans votre tête : « C'est moi qui aurais dû être promu... moi qui ai travaillé si dur... moi qui suis exceptionnel !... Quant à Roger, il devrait me respecter davantage. Il n'est pas tout seul sur la planète ! J'en ai fait des choses exceptionnelles, moi aussi ! Et mon fils, n'ai-je pas tout fait pour lui ?... »

Tout ce tapage mental, c'est le moi en pleine action.

Et quand un homme (ou une femme) tue ses enfants, c'est plus que jamais le moi qui s'exprime, rien d'autre. Il ne s'agit pas ici de justifier des comportements criminels ou de condamner un système mais simplement de comprendre ce qui se passe dans un esprit. Ainsi, chez un homme qui apprend que sa femme le trompe, la mécanique mentale de l'ego se met instantanément en branle. Pensouillard est blessé, frustré de n'être plus le seul objet de l'attention de sa compagne. Il n'est plus l'Unique, l'Exceptionnel, l'Extraordinaire ! Quelqu'un d'autre l'a supplanté.

Son moi s'agite. Il a peur d'être abandonné, rejeté et, par conséquent, de cesser d'exister.

Le discours et les images qui emplissent alors la tête de cet homme engendrent la sécrétion de toute une panoplie d'hormones dans le sang, les hormones mêmes qui régissent le fonctionnement des organes lorsque le corps se sent menacé. D'autres images et d'autres mots font alors leur apparition, dans une valse étourdissante qui tourne en boucle. Pensouillard veut éliminer ce qui le menace, frapper là où ça pourrait faire le plus mal. La sécrétion hormonale s'intensifie. La main s'empare d'un couteau. Dans ce geste, il n'y a qu'un ego blessé, apeuré, qui dirige la main en cherchant à se débarrasser de la peur et la douleur conjuguées. Il s'agit là d'un ego privé de toute forme de conscience, un ego à l'état pur, alimenté de pensouillures qui défilent à plein régime, sans aucune pensée réfléchie. On peut alors appeler ça de la maladie mentale.

Encore une fois, je ne cherche pas à réécrire l'histoire ni à condamner qui que ce soit. Je désire simplement que chacun se rende compte de la présence de son Pensouillard. Et, de fait, il suffit d'un rien pour que l'esprit soit pris au piège de sa roue et soit poussé aux pires atrocités.

Que faire, alors ?

Avant d'aller plus loin, je dois vous mettre en garde. Certains individus préfèrent les sensations générées par l'agitation de

Pensouillard – même si c'est de la souffrance – à la joie profonde qu'apporte la paix de l'esprit. Ils confondent ainsi le fait d'« être excité » et le simple fait d'« être vivant ».

Mais vous, que pensez-vous de tout ce brouhaha ? N'en avez-vous pas assez ? N'êtes-vous pas fatigué de ce tapage perpétuel qui ne mène nulle part ? De tous ces « Je me démène pour tout le monde, mais personne ne s'en rend compte... Je suis monoparentale, je travaille à temps plein, j'ai deux enfants, un ex qui s'en fout, une mère qui se la coule douce sur la côte, un patron parano, des collègues hypocrites, des migraines monstrueuses et, si ça se trouve, un ulcère à l'estomac... J'ai l'impression de ne vivre que pour les autres... Et moi ? Qui est là pour moi ? Y a-t-il quelqu'un sur cette planète pour voir que j'existe ? Y a-t-il quelque part au monde un hamster compatible avec le mien ?... »

Bref, n'avez-vous pas envie que cesse ce vacarme et que s'épanouisse à la place un espace vous permettant de savourer quelques-unes des innombrables beautés qu'offre la vie ? Le parfum des pivoines sous le soleil d'été ou le café du matin ? La saveur des fraises fraîchement cueillies ou le thé vert coulant dans votre gorge ? Le soyeux d'une jolie robe ou l'herbe humide sous vos pieds ? La brise du bord de mer ou le chant du merle moqueur ? Les couleurs de l'aube pleine d'espoir ou les teintes apaisantes du crépuscule ? Et si le véritable enjeu était de trouver plutôt des solutions aux problèmes qui apparaissent sur votre route ? Et si vous aidiez vraiment votre fils ? Et si vous parveniez à donner votre conférence en paix ? Et si vous arriviez à passer une bonne soirée malgré les fanfaronnades de R. ?

Alors, que faire pour calmer Pensouillard ?

Une seule solution :

la décroissance personnelle !

Chapitre 2

Petit traité de décroissance personnelle

> *« Il n'y a pas de penseur si vous ne pensez pas. C'est la pensée qui a créé le penseur. »*
>
> JIDDU KRISHNAMURTI

Ne vous inquiétez pas, vous n'allez pas disparaître !

La décroissance personnelle ne signifie pas la mort de votre ego. Votre cher petit moi ne vous abandonnera pas ! La décroissance personnelle est la fraction de seconde au cours de laquelle vous prenez conscience que votre esprit est entièrement habité par des mots ou des images contaminés par l'ego. C'est l'instant où l'attention surprend Pensouillard alors qu'il monte dans sa roue.

Il suffit d'une seconde pour décroître. Oui, une seule ! C'est la seconde la plus importante de toute votre vie et également la plus difficile à conquérir. Grâce à cet instant de conscience, vous cesserez d'être l'esclave de Pensouillard.

Soyons plus clairs encore.

Cette seconde de décroissance personnelle consiste en un flash, un éclair de conscience qui permet de passer d'une activité mentale essentiellement centrée sur l'ego à une autre qui ne l'est pas du tout. Au cours de cette seconde, l'ego s'efface. L'esprit passe d'une agitation mentale du type « Moi... Moi... Moi » à une activité dont l'ego est totalement absent. Il s'agit du transfert de l'activité mentale-ego à l'activité mentale-conscience.

Mais pour arriver à ce passage, vous devrez vous entraîner !

Prenons l'exemple de l'activité mentale – que j'incarne et qui m'habite – qui essaie d'écrire ce livre. Elle s'efforce de trouver les mots justes pour faire comprendre comment un esprit humain parvient à se faire souffrir et à faire souffrir les autres. Pour cela, elle a inventé le personnage de Pensouillard, une métaphore un peu ludique, capable de rendre ses propos plus faciles à saisir. Elle cherche des exemples concrets tels que « Vous êtes assis dans les toilettes... vous faites une présentation devant vos employés... » (Pas les deux en même temps, évidemment !) et ne s'encombre pas de la présence de l'ego. Son seul but est de rendre compte, de manière simple et pragmatique, d'une réalité difficile afin d'aider les gens à se sentir mieux.

Or, il suffirait d'un moment d'inattention pour que l'activité mentale égoïque fasse tout basculer. La tête de l'auteur pourrait alors se remplir d'un délire comme celui-ci : « Ce sera un livre unique, un best-seller qui va bouleverser le monde. Je vais décrocher des tas d'interviews, bénéficier de critiques extraordinaires et empocher des ventes astronomiques. Je deviendrai sûrement riche, on verra mon livre et ma photo partout, etc. »

Un tel discours intérieur serait immédiatement accompagné de sensations agréables déclenchées par la sécrétion des hormones du plaisir. Un instant suffirait, comme après une injection de drogue ! Mais, de la même manière, ce ne serait que passager. À l'inverse, l'activité mentale égoïque pourrait aussi envisager l'échec fracassant des ventes, le désintérêt humiliant de la presse, entraînant son lot de pensouillures du genre « Personne ne me comprend. Les gens sont bêtes, de vrais idiots. C'est pourtant simple, il me semble ! » À la clé, une bonne rasade d'hormones du déplaisir, de l'inconfort, du mal-être.

D'un côté, nous avons donc l'activité mentale – sorte de mécanisme électrochimique – menée par Pensouillard (je, me, moi) et ses pensouillures ; de l'autre, une activité totalement détachée du jeu nombriliste de notre hamster. Dans ce dernier cas, la conscience est alors libre d'accueillir ce que les sens perçoivent, libre d'aimer et d'offrir de la compassion, libre de goûter le beau et de créer l'utile à la vie.

Cernez-vous bien la distinction ?

L'activité mentale-ego (notre ami Pensouillard) cherche la croissance personnelle, alors que l'activité mentale-conscience ne cherche rien du tout. Et celle-ci apparaît lorsqu'il y a décroissance personnelle, c'est-à-dire après ce déclic qui libère du moi.

Vous avez certainement constaté que l'activité mentale qui écrit ce livre utilise le pronom *je*. Ne vous méprenez pas, elle en est consciente ! Elle tient d'ailleurs à vous le signaler avant que votre Pensouillard n'en fasse la remarque. Tous les Pensouillard aiment faire ce genre de remarque, ils montrent ainsi à quel point ils sont perspicaces et intelligents. Par conséquent, si l'activité mentale qui écrit ce livre utilise le je, c'est strictement à des fins pédagogiques, et non égoïques. Ce n'est pas le Pensouillard de l'auteur qui s'exprime dans ce je, mais bien sa conscience. Et l'auteur est parfaitement avisé qu'il lui faut entretenir une vigilance permanente, car son Pensouillard est toujours là, qui veille au grain, derrière un neurone, prêt à sauter dans sa roue. Il sait aussi qu'il est devenu très difficile, en ce monde, de ne pas utiliser le je. Le je est partout. Il a remplacé Dieu dans nos vies.

Résumons-nous.

Il y a dans notre tête une activité mentale exclusivement tournée sur quelque chose qu'on appelle « moi » ; cette activité mentale-ego tente à tout prix de préserver ce moi, voire de le faire croître.

Et il y a cette autre activité mentale, totalement détou de ce moi ; on l'appelle l'activité mentale-conscience et elle n'est que perception, occupée par l'apport de nos sens. Les pensées (sans moi) qui l'habitent sont celles qui permettent de créer des œuvres d'art, de faire des courses, de planifier des voyages, de dire « Bonjour, comment ça va ? » et, surtout, d'écouter la réponse. Ce sont des pensées qui analysent la qualité de l'eau potable et coordonnent la gestion des déchets ; des pensées qui font des plans pour construire des abris et distribuer des vivres au lendemain d'un tremblement de terre. Mais attention, cette activité mentale-conscience risque à tout instant d'être évincée par sa rivale, l'activité mentale-ego, autrement dit par Pensouillard et ses pensouillures.

L'éveil

Un mot décrit bien le déclic qui entraîne la décroissance personnelle : l'éveil.

L'éveil, c'est l'éclair de lucidité qui permet de nous dire « Ça y est, voilà Pensouillard qui s'énerve ! », comme si notre activité mentale-conscience découvrait tout à coup son envers (activité mentale-ego) en le prenant en flagrant délit d'agitation mentale.

Des tas de courants dits « spirituels » accordent beaucoup d'importance à cette notion d'éveil, mais là encore, trop souvent, l'ego s'en mêle. Certaines personnes qui se croient spirituelles sont en réalité envahies par leur petit moi. Leur discours ressemble à s'y tromper à des formules magiques du genre : « J'ai le pouvoir de guérir les autres, moi ; j'ai un don ! Je peux communiquer avec les esprits. Je peux vous prédire votre avenir. Je vois les auras et je peux vous décrire avant de vous connaître ! »

En tant que médecin, il m'est arrivé de voir des personnes mourir après s'être fait « soigner » par des guérisseurs à la petite semaine. Peut-être auraient-elles pu survivre, mais elles avaient rencontré quelqu'un « d'unique » qui, par la seule imposition des mains, pouvait faire disparaître le cancer ! Ouah ! Malheureusement, elles n'ont pas vu Pensouillard à l'œuvre derrière ces doigts magiques. Et chaque fois qu'un gourou exploite des personnes vulnérables, extorque leur argent et les invite parfois à le suivre dans la mort, c'est Pensouillard qui mène la danse... Ces pseudo-spiritualités ne sont que des voies alternatives empruntées par ce vieux Pensouillard pour apprivoiser sa peur de mourir ; les suicides collectifs menés par les gourous ne sont rien d'autre que des stratagèmes pour qu'on se souvienne d'eux ; une manière pour Pensouillard et son moi d'accéder (qu'ils pensent !) à l'immortalité.

Non, l'éveil n'a rien à voir avec de telles stupidités. L'éveil est la conscience en état de vigilance permanente, à l'affût du hamster. Tel un chasseur, elle observe Pensouillard et le traque ; c'est la seule créature dont il ne faut pas craindre l'extinction !

L'éveil-conscience est ce qui maintient la paix de l'esprit.

L'inquiétude vous gagne ? Et cette décroissance, comment fait-on pour l'amorcer ?

Pas de temps à perdre, les réponses, tout de suite.

Commençons à décroître

Le monde moderne fait l'apologie de la croissance personnelle. Vous n'avez qu'à lire les journaux. Tous les jours, on y vante les mérites de ceux qui ont réussi : sportifs, artistes, gens d'affaires... Et l'on vous dit que, vous aussi, vous pouvez atteindre ces mêmes sommets. Grosse erreur ! Il est illusoire de croire que le bonheur réside dans la croissance personnelle, et cette croyance mène à toutes les dérives ; à défaut de faire croître votre bonheur, vous ne faites qu'entretenir votre ego-hamster, qui redouble alors d'énergie.

Rappelons encore une fois que cette roue ne mène nulle part !

Voilà pourquoi la croissance personnelle est un mythe. Pire encore, une dangereuse illusion néfaste pour la santé ; vous êtes de plus en plus nombreux – on ne compte plus les statistiques mondiales qui abondent dans ce sens – à gober des tonnes de pilules parce que vous vous sentez déprimés, anxieux, insomniaques, uniquement à cause du tapage incessant que fait

Pensouillard ! Or, plus l'animal court, plus il y a de bruit dans votre tête ! Et plus il y a de vacarme, plus c'est douloureux.

Une autre illusion est de croire qu'en obtenant tout ce que vous voulez dans la vie la roue s'arrêtera de tourner dans votre crâne. Ne vous y trompez pas ! Plus vous en *aurez*, plus vous en *voudrez*, ainsi va la vie. Comment croyez-vous que vivent les vedettes, les milliardaires ou les icônes de la beauté ? Dans un flot de pensouillures continu qui les pousse à rechercher encore et toujours plus !

Nous vivons dans un monde malade du moi. Un monde fou de Pensouillard !

Alors, à quoi peut bien servir la décroissance personnelle ?

Décroître, c'est renouer avec les choses simples de la vie et en profiter pleinement, l'esprit tranquille. C'est écrire de la poésie, soigner des malades, réparer des routes endommagées, éduquer ses enfants... La liste de ces satisfactions est infinie et aussi variée que vous le déciderez. Le bonheur peut se nicher dans tout ce que vous faites, pourvu que vous vous y consacriez totalement. Mais surtout, la décroissance personnelle n'est pas une histoire d'abnégation, de renoncement, de frustration. Il s'agit de s'ouvrir et de devenir « plus » intelligent.

Que faire quand les pensouillures se succèdent ?

Prenons un exemple concret… Vous venez de laisser votre ami au comptoir d'embarquement. Vous voilà soulagé, car à une minute près, l'accès à son avion lui aurait été refusé. Vous vous dirigez maintenant vers les ascenseurs qui mènent aux parkings et là, l'angoisse vous prend. Dans la précipitation, vous avez quitté votre voiture sans noter son emplacement précis. Aussitôt, votre hamster commence à patiner et ce sont des « Mais où je l'ai laissée, bon sang ??? », « Quel crétin je fais, quand même ! », « Il n'y a qu'à moi que ça peut arriver ! », etc. Autant préciser tout de suite qu'avec un tel état d'esprit vous n'êtes pas près de retrouver votre voiture.

Ce qu'il faut, c'est neutraliser Pensouillard (soit votre ego, vous l'avez compris), l'immobiliser. Il vous faut ouvrir une fenêtre de lucidité et comprendre que Pensouillard vous mène par le bout du nez. Dès lors, votre mental pourra se concentrer efficacement sur sa quête, sans s'affoler. C'est là, lorsqu'elle est libérée de l'ego et de son désir frénétique de reconnaissance, que la pensée est véritablement utile ; apaisée, elle va puiser calmement dans votre mémoire pour se concentrer sur les seules options valables : au premier étage ? hum !… au deuxième, peut-être ? au troisième ?

Et pour être capable de ça, il faut vous entraîner.

Voici donc un premier exercice de décroissance personnelle.

Exercice

Se concentrer sur sa respiration est un exercice qui convient particulièrement aux situations désagréables plutôt bénignes – vous vous énervez parce que les portes du métro viennent de se fermer sous votre nez est un bon exemple. La première chose à faire est de vous immobiliser et de placer votre attention sur votre respiration. Avec ce geste très simple – en apparence, en tout cas – s'amorce la décroissance de votre petit moi.

Reprenons donc – dans sa version dépourvue d'ego – la recherche de votre voiture dans le parking.

Imaginez la scène. Le calme règne autour de vous. Aucun bruit. Quelques odeurs d'essence et d'humidité. Une lumière plutôt douce. Tout semble tranquille. C'est pourtant la java sous votre crâne : « Vais-je être obligé de me farcir les cinq niveaux ? Je suis vraiment le roi des imbéciles ! »

Pas de doute, Pensouillard tire les ficelles. En êtes-vous conscient ?

Appuyez votre dos contre un mur, fermez les yeux et placez votre attention sur le souffle qui vous maintient en vie. Vous pouvez même compter : inspiration – cinq secondes ; pause – cinq secondes ; expiration – cinq secondes...

RESPIREZ !

Gonflez toujours l'abdomen à l'inspiration pour étirer le diaphragme. Ce geste stimule le nerf pneumogastrique qui envoie un signal au cerveau, lui intimant l'ordre de stopper la sécrétion des hormones du stress.

ET LÀ... ÇA S'ARRÊTE !

Tout doucement, revenez à la pensée sans ego, de cette manière : « Voyons voir. Hum ! je suis arrivé à telle heure par la porte ouest... Il n'y avait aucune place au rez-de-chaussée... J'ai suivi les indications vers le deuxième niveau... C'est ça, je me suis garé au deuxième étage ! »

Vous voyez qu'il s'agit d'une séquence de pensées sans précipitation, sans jugement, sans mépris pour vous-même ou pour les concepteurs du parking ; l'ego a été mis de côté. Et devant votre voiture retrouvée, vous devriez même éprouver l'envie de sourire...

Ce genre d'exercice exige de la discipline, mais quel bien il va vous faire !

Entraînez-vous à respirer, tout de suite, là, maintenant. Prenez quelques minutes pour vous exercer. Quand le moment viendra de faire appel à cette technique, vous serez prêt. Il n'y a aucun effort à fournir, laissez-vous juste guider par le rythme de votre respiration.

Placez votre attention sur votre souffle au moment où le déclic de conscience se produit, c'est-à-dire dès que vous constatez que votre ego énervé s'est emparé de votre esprit. À l'instant où vous aurez compris qu'il existe deux types d'activités mentales – « avec » ou « sans » ego – il ne vous restera plus qu'à faire varier votre attention pour passer de l'une à l'autre. La décroissance personnelle s'effectuera alors sans douleur.

Tout cela est peut-être nouveau pour vous, et donc passablement difficile à mettre à exécution. Pour vous aider à y voir plus clair, regardons la décroissance personnelle s'effectuer au ralenti.

Le mot discipline provient du latin *discere*, qui signifie« apprendre », mais, fait intéressant, ce genre de discipline n'exige aucun effort. Paradoxal ? Non, puisque l'activité neuronale qui consiste à observer Pensouillard tient d'une certaine forme d'ascèse... libre d'effort ! Par conséquent, s'il y a le moindre effort, cela signifie que votre gros ego s'approprie à nouveau vos pensées, comme dans ce « Bah, voyons ! Maintenant, je dois m'observer sans effort ! Qu'est-ce que c'est que cette c******* ? » Cher ami lecteur, s'observer sans effort, ça veut bien dire ce que ça veut dire : ne fournir aucun effort ! Une ascèse douce !

La décroissance personnelle au ralenti

Parce que la décroissance personnelle peut s'effectuer très rapidement – en l'espace de quelques secondes à peine –, nous allons l'appréhender au ralenti. Vous savez, comme ce genre de séquence au cours de laquelle un joueur de foot reçoit un coup de coude en plein visage, et que l'on vous repasse d'innombrables fois la scène au super-ralenti, juste pour que vous soyez bien sûr que c'est le coude et non l'épaule qui a assommé l'attaquant de votre équipe préférée. Et dans ces cas-là, Pensouillard, qui s'identifie au joueur blessé, est particulièrement excité. Votre petit moi réagit comme s'il avait lui-même reçu le coude dans la mâchoire ! Il se lamente d'avoir subi une commotion cérébrale... Et soudainement, devant votre téléviseur, tout votre corps est prêt à se battre ; les muscles, le cœur, tout ! Plus le ralenti se déroule à l'écran, plus ça fuse dans votre crâne : « Le s***** ! Incroyable ! J'espère qu'on va le pendre par les c*******, c'est tout ce qu'il mérite ! » La roulette de votre hamster ressemble alors aux hélices d'un avion en plein vol ; votre ego se déploie dans votre esprit comme un airbag au moment d'un accident.

Revenons à votre mental pour découper la décroissance personnelle en trois séquences.

Pour vous y aider, voici quatre exemples de décroissance personnelle vécue au ralenti.

Exemple n° 1

Le joueur de foot

1re séquence.

Vous êtes vautré dans le canapé, la main gauche plongée dans un paquet de chips et la droite serrée autour d'une bière. « L'assassin » de l'équipe adverse vient tout juste d'abattre votre joueur fétiche. Un coup violent, asséné à haute vitesse. L'attaquant est étendu sur la pelouse et ne bouge plus. Pensouillard est dans tous ses états ! La roue tourne à la manière d'une scie circulaire et les mots jaillissent comme de la sciure de bois : « Scandaleux ! C'est du catch qu'il devrait faire, pas du foot ! Un QI de bulot dans un cerveau de limace ! » Vous êtes maintenant debout. Les chips se mélangent à la bière sur le canapé. Vous avez les poings serrés et la respiration haletante. Votre ego réclame justice et veut lyncher la brute épaisse qui menace sa source d'identification, son idole. Sans modèle à qui s'identifier, Pensouillard tourne dans le vide et tombe de sa roue. Il a l'impression d'être un moins que rien. Sans ces belles histoires de victoires, de conquêtes et de reconnaissance qu'il vit par procuration, il a l'impression de ne plus exister.

2e séquence.

Vous vous êtes entraîné, tous les jours depuis quelques mois, à devenir conscient (je vais vous montrer comment faire d'ici quelques pages). Alors, pendant que Pensouillard s'énerve dans votre esprit, un déclic se produit, cet éclair de conscience qui va enclencher la décroissance personnelle. L'activité mentale-ego n'est tout à coup plus la seule à contrôler votre corps ; une autre forme de mécanisme psychologique se met en marche, l'activité mentale-conscience. Vous vous asseyez et placez donc votre attention sur votre respiration, sur les sensations qu'éprouve votre corps. Mais le petit moi ne se laisse pas faire ! Il revient immédiatement à la charge. Il résiste, se débat. Il reprend momentanément ses droits, manifestant bruyamment son mécontentement et faisant valoir de nouveau ses arguments. Puis, le déclic se produit à nouveau. L'activité mentale-conscience entoure Pensouillard et prend le dessus. Quelques mots se font entendre : « Du calme, là-haut... Ce n'est pas parce que le petit moi s'énerve, là, entre les neurones, qu'il faut sauter sur la pelouse ! Ramenons l'attention sur le souffle, sur la sensation des poings fermés, des dents serrées... »

3e séquence.

Le déclic se produit. Peu à peu, le petit moi se retire. Le mental est désormais focalisé sur la sensation du contact de vos pieds avec le sol, de vos cuisses sur le canapé, de votre dos sur le coussin. Vous observez les pensées assassines et les trouvez de plus en plus ridicules. Vous en comprenez l'origine : votre identification au joueur. C'est cette figure superficielle, cette source de divertissement qui a nourri votre petit moi. Vous sentez maintenant s'effectuer le passage de l'activité mentale-ego à l'activité mentale-conscience. La paix s'impose en vagues très douces dans vos épaules, puis dans tout votre corps. Votre petit moi disparaît peu à peu, au profit d'un profond bien-être. Fini les « Mon équipe ! », « Mon joueur ! », « Mon match ! »...

Exemple n° 2

Le concierge

1re séquence.

Vous êtes responsable de l'entretien dans une école. Il est 16 heures, c'est la fin de votre journée de travail. Dans votre tête, Pensouillard est en pleine virée, comme si toutes ces heures passées à faire le ménage avaient sur lui l'effet d'une boisson énergisante : « De toute façon, je ne suis rien, moi, ici. Je fais un métier de minable. Une vie de m****. J'avais pourtant du talent... Il est trop tard maintenant. La seule expertise que j'ai, c'est celle du lavage des planchers. Et ça, personne ne s'en rend compte. » Les os de votre corps sont lourds, comme si on y avait coulé du béton. Ce ne sont plus des pieds que vous traînez, ce sont des boulets. Le petit moi monopolise toute votre énergie. Vous n'êtes plus qu'angoisse et souffrance.

2e séquence.

Soudain, le déclic se produit. L'activité mentale-conscience saute dans la roue et, tel un superhéros, freine sa course folle. D'autres mots se superposent à ceux du petit moi : « Oups, Pensouillard occupe toute la place et ça fait mal. Il y a cette lourdeur dans ma poitrine, ces serrements dans mon crâne mais, curieusement, leur intensité diminue. C'est comme s'il était maintenant possible de les observer à distance, ils n'ont plus le même effet. » Le déclic vient de s'amorcer. Le processus de décroissance personnelle débute. Vous décidez alors de jouer avec votre attention. Vous la placez d'abord sur votre respiration pendant quelques secondes, puis sur les sensations qui parcourent votre corps, sur la souffrance physique générée par l'activité de Pensouillard, sans analyser, sans porter de jugement. Peut-être pouvez-vous même décrire vos malaises : « Il y a une contraction là, à la hauteur de l'estomac, et comme une brûlure dans la gorge. » Vous portez alors votre attention sur vos pensées (c'est le plus difficile à faire) : « C'est quoi, ce mépris pour mon travail ? Cette autoflagellation ? Où est-ce que ça mène ? »

3e séquence.

La décroissance personnelle est presque achevée. L'activité mentale-conscience occupe maintenant tout l'espace de votre esprit. Vous amenez tranquillement votre attention sur les détails de votre travail. Vous regardez le plancher que vous avez fini de laver. Votre mental est occupé par la netteté du sol, l'éclat qui en ressort, l'odeur de propre qui s'en dégage. Un sentiment de plénitude envahit votre corps. Le mot *satisfaction* s'impose à vous. Et ce n'est pas le petit moi qui parle, c'est juste la conscience du travail bien fait. L'activité mentale-conscience est concentrée sur la contribution au bien commun, sur le bien-être des jeunes qui fréquentent l'école où vous travaillez. La décroissance personnelle est terminée. La souffrance s'est apaisée.

Exemple n° 3

Avoir 83 ans

1re séquence.

Vous vivez seul(e). Vos enfants et vos petits-enfants sont tous très occupés. C'est la modernité qui veut ça, avec ce besoin d'avoir plus, toujours plus. Ils vous téléphonent de temps en temps, vous envoient même des mails, vous disent qu'ils vous aiment, qu'ils pensent à vous. Et vous vous en persuadez régulièrement. Pensouillard, conciliant, lance même des « C'est normal, il faut bien qu'ils gagnent leur vie. Ils ont leur écran plat à payer. Et leur copropriété en Floride. Et leurs voyages en Asie. La vie est tellement chère aujourd'hui ! »

Sans transition, Pensouillard ajoute : « Et moi, que me reste-t-il ? Je ne sers plus à rien. Ils n'ont plus besoin de mes conseils, de mon expérience. Je suis fini, ça ne vaut plus la peine... » Votre petit moi est en pleine déprime. Il n'a plus d'identité à laquelle se raccrocher. Plus de rôle de parent, de grand-parent, de conjoint. Plus rien ! Il a l'impression d'être déjà mort. Et plus il ressasse, plus il se sent malheureux.

2e séquence.

Heureusement, il y a trois ans, vous avez commencé à travailler à la décroissance personnelle. Et là, tout à coup, le fameux déclic se fait ! L'étincelle de conscience apparaît : « Oups ! j'ai le gros ego qui fait son tapage. Ça court, ça gigote, ça fait du bruit là-dedans ! Une vraie discothèque ! » Vous réalisez que vous devez diriger votre attention vers votre respiration (ou vers la lumière qui entre par la fenêtre), mais c'est difficile. Le petit moi ne lâche pas aussi facilement ! Il reprend de plus belle : « Ça ne serait pas comme ça si j'étais né à une autre époque ! Il y aurait autour de moi de l'amour, de l'affection ! Toute une vie de sacrifices pour des enfants ingrats. » Par chance, votre entraînement permet à l'activité mentale-conscience de demeurer présente. Comme un coureur des bois dont les sens seraient en état d'alerte, elle observe le hamster dans sa roue : « Ah ! La petite bête est bien agitée aujourd'hui ! Il court, ce petit moi, il s'énerve dans l'espoir de se faire flatter un peu... Tant d'agitation pour rien ! Personne ne le voit, personne ne l'entend, personne ne le sent. »

3e séquence.

L'activité mentale-conscience replace l'attention sur la respiration (ou la lumière qui entre par la fenêtre). La course de Pensouillard ralentit. L'activité mentale-conscience prend de plus en plus de place. La sensation du souffle qui frôle vos narines occupe maintenant l'intérieur de votre esprit. Vous vous rendez alors compte qu'une œuvre musicale joue dans la pièce. Une cantate de Bach que vous adorez. Vous ne l'entendiez plus, le tapage de Pensouillard l'avait remplacée. La musique reprend doucement sa place et glisse maintenant sur vos neurones. Vous portez à vos lèvres la tasse de thé vert que vous aviez préparée. Vous fermez les yeux pour savourer pleinement le goût de cette boisson que vous adorez. Un bien-être vous envahit. La décroissance personnelle est terminée. Il n'y a plus que la conscience, la pleine conscience.

Exemple n° 4

L'auteur de ce livre

Je voudrais maintenant décortiquer pour vous l'entraînement que je fais depuis plusieurs années. Si j'ai décidé d'en parler, c'est que je sais que ça marche. Je jouis des résultats, c'est-à-dire de cette paix qu'il est possible de trouver en quelques instants à peine, même dans la pire des tourmentes. Il suffit de passer de l'activité mentale-ego à l'activité mentale-conscience, je vous assure. Mais il m'a fallu plusieurs années d'entraînement pour y arriver, pour déclencher ce déclic, produire cette étincelle de conscience qui ouvre à la décroissance personnelle. Certaines personnes y arrivent plus facilement – ce que je vous souhaite – mais en ce qui me concerne, ce fut tout un apprentissage ! En outre, sachez que ce n'est jamais vraiment acquis car le petit moi revient constamment à la charge ; il s'agrippe, plante ses crocs, tire la conscience vers l'arrière. Mais, une fois le processus de pleine conscience amorcé, votre hamster ne se retrouve plus seul aux commandes : dès que Pensouillard envahit votre esprit, la cavalerie de la conscience accourt.

Pour bien décrire mon entraînement, je vais maintenir l'usage du ralenti.

1re séquence.

Ce que je vais décrire m'arrive souvent. Je viens tout juste de me réveiller. Je ne me sens pas bien. Une sorte d'angoisse m'étreint. Je viens pourtant tout juste d'ouvrir les yeux. Je n'ai encore rien fait. Je suis toujours au lit, mais la lourdeur est bien là, dans ma poitrine. Je sais fort bien que Pensouillard, lui, ne dort pas – il a même couru une partie de la nuit – mais je ne me suis pas encore rendu compte que c'est à cause de lui et de ses pensouillures. Ce n'est que lorsque je décide – ou, plutôt, que l'activité mentale-conscience décide – de faire mes exercices matinaux que je le réalise.

2e séquence.

Comme tous les matins depuis plusieurs années, j'amorce mon entraînement. La sensation désagréable – cette lourdeur à la poitrine – est toujours là. Je n'ai vraiment aucune envie de faire les exercices. Comme disent les enfants : « Ça ne me tente pas ! » Mais la discipline est au rendez-vous, alors, allons-y !

Je m'allonge sur le dos. Je place ma tête dans une position bien droite. Mes bras sont étendus de chaque côté du corps. Mes paumes sont dirigées vers le plafond. Dans certaines formes de yoga, cette position s'appelle la « position du cadavre ». Je place mon attention sur ma respiration. Tout à coup, je réalise clairement à quel point Pensouillard est actif, il émet des plaintes du genre : « Ah, je n'ai pas le goût de me lever ce matin ! Il fait froid dehors, j'en suis sûr. Il a neigé toute la nuit, ça va être l'enfer sur les routes. Et cette conférence à donner, ça me pèse. Je vais me planter. Un auditoire essentiellement masculin, le plus difficile qui soit. » Je ramène alors mon attention sur le souffle. Sur les sensations corporelles aussi. Le contact de mon corps avec le matelas, de ma tête avec l'oreiller. Peu à peu l'activité mentale-ego diminue, comme si elle relâchait son emprise sur mon système nerveux, pour faire place uniquement aux sensations qu'éprouve mon corps. L'angoisse se dissout tout doucement. Une paix m'envahit. Ce n'est alors plus le pauvre petit moi qui régule mon état. Pensouillard – cet ego qui, avant même que je sois sorti du lit, éprouve déjà la peur de ne pas recevoir l'attention qu'il croit mériter – se désintègre. Ne reste que la conscience prête à passer à l'action grâce aux pensées sans ego dedans.

3e séquence.

L'activité mentale-conscience occupe maintenant toute la place. Mon esprit est focalisé sur les sensations : le souffle, la douceur des draps, le silence dans la pièce. Et les pensées dépourvues d'ego prennent leur envol : l'organisation de la conférence, le plan pour y aller, le déroulé de mon intervention. C'est comme une douce répétition. La structure de ma présentation est là, tout entière, et semble se tenir ; j'y ai même glissé quelques blagues. La décroissance personnelle est terminée. Allez, hop ! Debout Serge ! Aux exercices physiques maintenant : étirements, redressements assis, vélo stationnaire (qui ne va nulle part, comme le hamster dans sa roulette !). Tout ça se fait dans une grande paix. Le petit moi fatigant s'est tu.

Ne restent que les sensations et quelques pensées libérées de l'emprise du moi !

Et vous, à l'instant même, pendant que vous lisez ces mots, comment vous sentez-vous ?

Prenez-en conscience ! L'entraînement doit commencer tout de suite. Il ne faut pas attendre d'avoir le temps. Toujours en pleine croissance personnelle, motivé par sa quête de vous faire souffrir, le petit moi ne manque jamais de temps, lui.

Occupons-nous de vous maintenant.

Chapitre 3

La décroissance personnelle : marche à suivre

« *En prenant conscience de vos pensées, vous serez surpris de voir ce qui se passe à l'intérieur de vous-même. Si vous écrivez tout ce qui vous passe par la tête, vous allez être très surpris ! Vous n'y croirez pas.* »

OSHO

Avant même de nous aventurer plus loin, nous devons vérifier si, en ce moment, Pensouillard court entre vos neurones. Là, tout de suite, est-ce qu'il y fait du bruit ?

Étape n° 1

Écouter et reconnaître le bruit de son hamster

Votre tête est-elle envahie par des « Mais de quoi parle-t-il ? Il s'en va où avec sa roue ? Il se prend pour qui, lui ? Quelle prétention ! Et la décroissance personnelle, c'est quoi cette foutaise ? Comment pourrait-on vivre sans ego ? Il en faut bien un d'ego, bon sang ! Que serais-je sans moi ? J'ai un corps, une histoire, une culture, une langue, un âge, un sexe, une nationalité ; c'est moi, tout ça ! Comment peut-on faire disparaître tout ça en quelques secondes ? Et pourquoi ? Pourquoi cesser d'être unique ? Ne devrait-on pas plutôt tout faire pour l'être davantage ? Pour protéger cette unicité ? Moi, je vais continuer à militer en faveur de la croissance personnelle ! Et qu'il aille au diable, ce docteur ! »

Allez, entendez-vous ce tapage ? Voyez-vous la rotation de la roue ?

Pouvez-vous observer les jugements, ce défilé de pensouillures, pendant qu'ils déferlent ? Commencez par constater calmement « Oh, mais c'est que c'est tout plein de jugements dans ce crâne ! », et voyez immédiatement la différence entre un esprit habité par des « C'est quoi cette foutaise ? » ou des « Il se prend pour qui, lui ? » et un mental occupé par des « Oups, ça cavale sec là-dessous ! Pour aller où ? » Il ne s'agit pas de « perdre » ou de « garder » une unicité, mais d'observer son discours intérieur. Simplement regarder, observer les pensouillures générées par la peur de ne plus exister.

Si vous êtes en mesure de faire ça, bravo ! Vous avez franchi la première étape.

En revanche, si ça continue à bourdonner dans votre tête, si vous êtes incapable de prendre un peu de recul par rapport au boucan que fait Pensouillard et que vous n'avez qu'une envie, celle de m'envoyer promener, soyez patient, il y a de l'espoir dans les pages qui suivent.

Étape nº 2

Observer... pour que l'ego cesse de fourrer son nez partout

Toujours envie d'apprendre à calmer Pensouillard ? Bien !

Pour y arriver, vous devez d'abord découvrir une vérité cardinale : vous n'êtes pas un hamster ! En d'autres mots, cessez de vous identifier à lui, ce qui est bien plus simple que vous ne le pensez.

Pour commencer, j'espère que vous êtes maintenant convaincu que c'est Pensouillard qui débite des idioties. Vous avez remarqué ? Quand il se tait et que le silence apparaît, les idioties s'évanouissent. Mais idioties ou pas, pour trouver la paix de l'esprit, il est d'abord nécessaire de reconnaître le bruit infernal que l'invisible rongeur produit dans vos circuits. Pour y arriver, vous devez habiter cet espace d'où vous pourrez dire : « Oui, c'est vrai, il y a ce tapage, là, dans ma tête ! C'est cette bête qui n'arrête à peu près jamais... Je l'entends, saleté de bestiole ! » Si vous parvenez à opérer ce petit « pas de côté » de conscience – pas dans une semaine, pas dans un an, mais tout de suite –, vous aurez alors franchi une grande étape. Et pas nécessairement au pas de course !

Ensuite, il faut entretenir cette observation, la rendre la plus vivante et vigoureuse possible, et ne pas laisser le mouvement de la roue reprendre le dessus sur la conscience. Au début, c'est difficile. Une seule rotation suffit pour que Pensouillard saute sur les commandes. Par exemple, au boulot, devant la machine à café, votre regard croise celui d'un collègue et, vlan, votre Pensouillard démarre au quart de tour : « Il m'e****** celui-là, avec ses airs de Monsieur-je-sais-tout ! » Ou encore, à l'anniversaire de votre meilleure amie : « Elle est si belle dans sa petite robe noire ! De quoi j'ai l'air, moi, avec mes vieux chiffons ? » Les pensouillures envahissent l'esprit en un clin d'œil. Et si vous n'y prenez pas garde, votre existence se retrouve prise au piège d'une cage à hamster, ballottée entre angoisse et culpabilité, entre déprime et hostilité.

Si vous voulez garder toute votre tête, vous devez apprendre à observer la bête qui y rôde, la regarder s'agiter dans tous les sens sans vous faire happer par sa course. Il y a un truc infaillible pour y arriver : RESPIRER PAR LE NEZ !

Étape n° 3

Apprendre à respirer par le nez

« Respire par le nez ! » Qui n'a jamais entendu ce conseil avisé, fruit de la sagesse populaire ? S'il y a un truc aussi infaillible que capital dans cet entraînement, c'est bien celui-là. Or, Pensouillard se considère bien au-dessus de tout ça. Comme si quelque chose d'aussi banal que de placer son attention sur sa respiration pouvait l'arrêter, lui, le grand génie de la roue !

La respiration est pourtant cruciale. Il s'agit de sentir l'air – le sentir, vraiment – qui traverse ses narines et gonfle son abdomen, n'éprouver que cette sensation dans sa conscience et rien d'autre. Soyez prévenu avant d'essayer : Pensouillard n'aimera pas se faire évincer de la sorte et repartira de plus belle...

Pour le faire taire, demeurez vigilant, à chaque instant, et avec le sourire. « Tiens, c'est reparti ! Encore des pensouillures ! » En les abordant ainsi, elles n'auront plus le même impact, perdront de leur pouvoir et s'évaporeront peu à peu. Pfft ! Vo-la-ti-li-sé, le babillage intérieur ! Ne reste alors que la conscience. L'activité mentale sans le petit moi. C'est extraordinaire de pouvoir regarder le gros ego qui s'emballe, mais de ne plus en souffrir !

Quand vous arrivez à garder toute votre attention sur le souffle et à observer le pensouillage, c'est comme si, dans votre tête, l'activité mentale-ego venait d'être débranchée, et qu'à la place, l'activité mentale-conscience avait pris le relais.

D'heureux résultats

Prenons une autre situation anodine. Pas un grand drame, mais le genre d'événements qui vous pourrit la vie au quotidien.

Vous êtes au supermarché et faites la queue pour payer, et quand votre tour arrive, la gérante vient relever le contenu de la caisse. Pire encore, le client qui vous précède sort sa liasse de bons de réduction pour les faire valoir et ne cesse de contester les prix affichés. Le summum est atteint lorsque le lecteur de codes-barres flanche sous votre nez. Alors là ! Pensouillard décoche ses phrases fétiches : « Pourquoi est-ce toujours à moi que ces choses arrivent ? Hein ? POURQUOI MOI ? On dirait que la vie m'en veut ! Caissière, tu parles d'une vie, toi ! Faut dire qu'avec le QI qu'elle a... Et l'autre avec ses tickets, à l'heure de pointe en plus ! Il ne faut rien avoir à faire dans la vie pour e******* le monde comme ça ! Et ce foutu bidule électronique, c'est censé être infaillible, non ? »

Avez-vous remarqué que toutes ces phrases tournent autour de « Moi » ? Moi, le client roi, si important, au-dessus des autres ; Moi l'unique, qui ne peux pas attendre... Résultat ? Vous ressentez de la tension, de l'irritation, de la colère, bref, le bruit de votre manège égoïque.

C'est à ce moment précis – un peu avant pour les plus doués d'entre vous – que doit survenir le petit déclic de conscience salvateur et que vous devez vous mettre à respirer par le nez, à jouer avec votre attention : « Ah ! Pensouillard fait des triples sauts dans sa roue. Allez, respire... »

Du coup, vous pouvez stopper la course de l'animal et reprendre forme humaine. Ne vous contentez surtout pas de lire ce que je vous propose, de grâce, mettez-le en pratique. Tout de suite ! Et surtout, ne me remerciez pas, même si ça marche !

Si vous avez encore un doute quant à l'utilité de cette démarche, voyez l'ego comme un parasite de vos pensées. Imaginez-le comme un suceur de sang, dont vous ne voulez plus. De la vraie vermine ! Préférez-vous vivre avec ou sans lui ?

De même, imaginez aussi Pensouillard plein de poux. Répugnant, non ? Douloureux, en plus... Et lorsque vous aurez bien vu votre cher petit hamster se gratter jusqu'au sang et que vous en aurez assez d'avoir mal, vous placerez enfin votre attention sur les manifestations de la vie qui en valent la peine : la lumière érotique d'une fin d'après-midi ; la danse enivrante de la pluie sur les toits ; la poudre d'or sur la peau des arbres à l'aube et mille autres beautés qu'offre le monde non pollué par l'ego.

Et si vous arrivez vraiment à contempler toute cette beauté, « lui », le « moi, moi, moi, moi... », ce hamster bourreau se calmera enfin. Libéré de son emprise, vous n'aurez plus ce besoin maladif que l'on vous considère, que l'on vous remarque, que l'on vous aime, que l'on vous reconnaisse, que l'on fasse attention à vous, que l'on dise que vous êtes belle, beau, brillante ou intelligent. Vous ne vous battrez plus pour imposer à tout prix votre point de vue. Peu vous importera que votre équipe favorite ait gagné ou perdu, que votre parti politique ait été élu ou non. Vous ne chercherez plus le bonheur dans une promotion, une nomination ou une augmentation de salaire. Vous saurez que, quoi qu'il arrive, rien de cela ne dure. La majorité des problèmes qui vous torturent aujourd'hui deviendront des banalités, des peccadilles. Même l'idée de votre propre mort ne vous rendra plus malade, puisque Pensouillard ne sera plus là pour en faire une obsession.

Alors, les pensées qui naîtront dans votre esprit ne serviront qu'à une chose : vous faciliter la vie. Elles agiront comme les instruments d'un tableau de bord, pour vous indiquer ce qui va et ne va pas, et vous guider vers les vraies solutions aux vrais problèmes ! Au lieu d'avoir le mental rongé par l'ego, **votre esprit sera libre et détaché**. Ainsi, devant la fuite de vos toilettes, vous n'entendrez plus « Comment se fait-il que ce soit toujours à moi que ces choses arrivent ? », mais plutôt « Il n'y a pas mort d'homme. Je vais demander conseil à X., il va pouvoir m'aider... »

Libérées de cet ego qui englue, les pensées ne vous feront plus jamais souffrir. Elles vous guideront même sur le chemin de la décroissance personnelle, sur une route où le petit moi ne fourre pas son nez partout et cède sa place à la pleine conscience, comme on le ferait pour une personne âgée dans le bus.

PAUSE-CONSCIENCE

OÙ SE CACHE PENSOUILLARD LE PARASITE ?

Je sais que vous avez travaillé dur ! Il est temps de faire une pause. Voici un petit quiz très simple qui vous aidera à vérifier vos nouveaux acquis.

Pouvez-vous identifier les pensouillures qui se sont glissées dans les énoncés suivants ?

1. **a)** « Zut, il est 17 h 45 et ce DVD doit être rendu avant 18 heures. Allons-y ! »
   b) « Qu'est-ce que ça m'e****** de retourner au vidéoclub ! Je n'ai pas que ça à faire ! Après tout, je ne suis pas le seul dans cette maison à l'avoir vu, ce film ! Pourquoi c'est toujours moi qui fais tout, ici ? »

2. **a)** « Il faut prendre la prochaine sortie. »
   b) « bouge-toi ! Tu me bloques la sortie ! Laisse la place à ceux qui savent conduire ! »

3. **a)** « Il vaudrait mieux déblayer l'entrée avant que la neige durcisse. »
   b) « maudit bled ! Quelle idée de vivre ici ! »

4. **a)** « Tu ne comprendras jamais rien à la plomberie ! »
   b) « Je te l'ai dit au moins cinq fois qu'il fallait réparer ce tuyau. Tu ne m'écoutes jamais ! »

Vous avez certainement remarqué que le numéro 4 était un piège ; l'ego y est présent à tous les étages ! En revanche, si vous avez répondu b) aux trois premiers cas, vous avez saisi le principe. Bravo !

N'oubliez pas, Pensouillard n'a qu'un but : gagner la course !

Une discussion sur la politique illustre cela. Imaginez deux amis aux convictions différentes. Ça commence ainsi, doucement :

« Je pense que les démocrates vont changer le monde !

– T'es pas sérieux ! Ce sont des rêveurs. Ils n'ont pas les pieds sur terre. De grands parleurs et de petits faiseurs !

– Attention, ils ont un programme très réaliste, axé sur l'économie. Leur plan est détaillé et disponible sur internet pour quiconque veut le consulter. Je suis même prêt à leur donner un coup de main. Bénévolement !

– T'es complètement dingue ! Tu vas perdre ton temps ! Ce sont des idéalistes complètement déconnectés. Crois-moi, il faut revenir aux bonnes vieilles méthodes et se débarrasser des parasites. À la guerre comme à la guerre ! »

Vous avez vu comme le petit moi envahit chaque pensée ? Chacun défend son opinion comme s'il s'agissait de sa propre chair ! Même le corps réagit, le rythme cardiaque s'accélère, la tête s'échauffe avec le reste, comme si on subissait une agression, alors qu'il ne s'agit que d'une opinion, de simples mots !

La solution ? Constater que, contrairement à ce que vous croyez, vous n'êtes pas votre opinion. Même si cette opinion est juste, elle n'est toujours pas vous. Votre chère petite cervelle, qui se croit tellement brillante, peut-elle comprendre ça ?

Prenez cinq minutes. Placez votre montre devant vous et répétez-vous la question suivante : « Est-ce que je suis mon opinion ? »

Répondez franchement à chaque fois. « Est-ce que je suis mon opinion ?... Est-ce que je suis mon opinion ?... » Si vous répondez oui, ne serait-ce qu'une fois, vous avez un besoin d'aide urgent, car vous êtes très malade. En effet, votre vie dépend totalement de la course d'un tout petit hamster dans votre tête, et il n'est pas facile de trouver un vétérinaire pour soigner ce genre de rongeur, je vous assure.

Mais que faire quand votre cher Pensouillard est confronté au hamster de l'autre et qu'ils se jettent tous les deux des pensouillures à la tête, sans réfléchir un seul instant à ce qu'ils font ? Réponse : Devenir intelligent !

Certains hamsters exaspérés vont aller frapper sur le crâne d'un autre à coups de poing pour y stopper la roue. Comme par hasard, il s'agit souvent de la tête de sa conjointe ou de son enfant, ou d'une personne aux opinions divergentes. À plus grande échelle, ces hamsters agresseurs larguent des bombes sur des milliers de hamsters qui ne prient pas le même dieu ou ne parlent pas la même langue qu'eux.

Il faut savoir revenir à la seconde magique. Cette seconde de lucidité, de conscience. Mais, je le répète, c'est la seconde la plus difficile à conquérir qui soit. Au cours de cette seconde, la véritable intelligence se manifeste, pas celle qui conçoit des machines ultra-compliquées, mais celle qui attrape Pensouillard au moment où il s'apprête à activer sa roue. L'intelligence, la vraie, se traduit ainsi : « Oups ! Pensouillard vient d'embarquer dans son manège ! Et il a commencé à le faire tourner. Et ça donne des "Il faut être crétin pour ne pas voter pour les démocrates !... Il ne comprendra jamais !... De toute façon, comment peut-il comprendre avec ce qu'il a entre les deux oreilles ?" »

L'intelligence dont je parle, c'est réussir à observer ce genre de discours pendant qu'il se déploie dans son esprit. Non seulement dans le sien, mais aussi dans celui de son interlocuteur, et ainsi éprouver de la compassion à l'égard de ces deux hamsters. L'intelligence, c'est assister à ce spectacle sans porter de jugement et simplement se dire qu'on n'embarquera pas là-dedans.

Alors, la prochaine fois que vous aurez une discussion qui s'engage sur une pente dangereuse, j'espère que vous vous aurez ce réflexe : « Hop, hop, hop !!! On est en pleine course de hamsters ! C'est à celui qui arrivera à faire tourner sa roue le plus vite ou qui fera le plus de bruit ! Pourtant, on ne va nulle part, comme ça. Qu'est-ce qu'on essaie de gagner ? Pourquoi ? On n'est pas des hamsters !... Et lui, là, c'est un ami après tout ! Non... un ami avant tout. »

Quand il devient difficile de sortir du cercle vicieux, que vous vous rendez compte que vous tournez en rond, notez sur une feuille tout ce qui vous passe par la tête, sans aucune retenue. Absolument tout. Puis, allez marcher, cuisinez ou croquez une pomme, en dirigeant toute votre attention sur le moindre de vos mouvements : La sensation du sol sous vos pieds, les légumes que vous coupez, le geste de porter la pomme à votre bouche, son croquant... après cette pause de cinq minutes, revenez à la feuille que vous avez noircie. Si vous êtes sain d'esprit, vous constaterez à quel point votre hamster vous a conduit sur un territoire où il est absurde d'aller.

Chapitre 4

Apprendre à ne pas s'identifier

> « *Ai-je un problème en ce moment ?* »
>
> Eckhart Tolle

Si Pensouillard fait autant de bruit dans votre tête, c'est à cause du processus d'identification. Il n'y aurait pas de petit moi s'il n'y avait pas de processus d'identification.

Pensouillard n'est pas arrivé dans votre tête en tombant du ciel ! À vrai dire, il est venu au monde à cause... d'un trou ! C'était il y a très longtemps, et même plus encore, quand la vie est sortie de la mer sous la forme d'un poisson volant. Après avoir bondi hors de l'eau, ce poisson est tombé par terre pour la première fois de son existence. Affolé, il s'est vite trouvé une flaque d'eau et en a fait son territoire. Peu à peu, à force de se frotter le ventre sur les cailloux qui entouraient ce trou, il s'est fait pousser des pattes et s'est transformé en reptile. Pendant ce temps, dans sa cervelle, un hamster faisait ses premiers pas, car sans s'en rendre compte, le poisson s'identifiait peu à peu à *son* trou dans lequel il survivait, un trou qui lui permettait de se distinguer des autres et de leurs trous respectifs.

Grâce à un curieux processus d'identification, Pensouillard est devenu ce qu'il possédait. Au début, c'était sa modeste flaque d'eau ; aujourd'hui, c'est sa maison, sa ville, sa nation, son jardin, son chat, sa religion, ses connaissances, ses idées, ses opinions, son discours, ses jugements, ses lunettes, sa cravate (surtout celle avec un imprimé de Mickey Mouse), etc. Difficile pour lui de se sentir vivant s'il n'a pas de possessions auxquelles se raccrocher. Évidemment, l'attention qu'on porte à son image est essentielle. Après tout, une image est faite pour être vue, sinon à quoi bon ?

Or, la plus belle image de lui-même ne permettra jamais à Pensouillard de quitter sa roue, une version contemporaine du trou primitif. Même s'il possède trois maisons, quatre voitures, cinq femmes et un bateau, le hamster est toujours dans le trou. Jamais les millions ou les derniers gadgets high-tech ne le feront sortir de sa roue. Aucune possession n'est en mesure d'arrêter sa course. Au contraire, plus il possède, plus il a peur de perdre. Et s'il arrive à votre esprit d'être envahi par la peur d'avoir perdu quelque chose, c'est que Pensouillard est en train de s'agiter et de produire ces déraillements qui vous martyrisent : « Mon stylo Montblanc ! On a dû me le voler ! C'est tout ce qui me restait de mon père. Je viens de perdre une partie de ce que je suis ! »

La solution, au risque de me répéter, est encore une fois de faire preuve d'intelligence. Comment réagiriez-vous si vous demandiez à quelqu'un : « Qui êtes-vous ? » et que votre interlocuteur vous répondait : « Je suis mes chaussures Nike, je suis ma montre Apple, je suis mon tailleur Chanel, je suis mes lunettes Oakley, je suis mon Audi TT, je suis mon chalet à Courchevel... » ou encore : « Je suis mon deux-pièces mal chauffé, je suis mes godasses trouées, je suis mes toilettes qui fuient, je suis ma voiture en panne, je suis ma bécane rouillée... » ? Vous trouveriez ces réponses ridicules, n'est-ce pas ? Eh bien, c'est pareil avec le stylo Montblanc. Si des âneries de ce genre vous font souffrir, c'est que rien n'a changé depuis l'époque où le poisson devenu reptile a confondu le trou d'eau où il habitait avec ce qu'il était.

La prochaine fois que vous vous sentirez dans un trou, pensez à tout ça. Interceptez Pensouillard avant qu'il actionne la roue. Essayez d'en faire un réflexe. Si votre hamster s'agite, c'est qu'il se sent menacé. Or, tout tient dans une équation imparable :

Pas de menace = pas de tension psychique = pas de stress !

La menace peut prendre toutes sortes de formes, surgir n'importe quand, au bureau comme au restaurant : « Pourquoi est-ce encore moi qui paie ? Au restaurant, au cinéma, au théâtre, partout. Pourquoi n'est-ce jamais elle ? Elle a un boulot, elle aussi ! Je ne suis bon qu'à ouvrir mon portefeuille. » Allez, hop ! la roue !

Avec de l'entraînement, la conscience devient capable de capter les réactions du gros ego aussitôt qu'elles se manifestent. À l'instant où l'addition arrive sur la table, votre attention doit observer la roulette qui démarre et s'emballe… « Madame a commandé du foie gras ! Et du saumon fumé ! Comme si tout lui était dû… Et je n'ai jamais droit à un merci ! Une chaussure recevrait plus de considération, c'est sûr ! » À ce stade-ci, l'attention doit reprendre le dessus : « Bon, ça y est, j'ai la bête qui disjoncte ! Elle se sent menacée, la pauvre petite… »

Oui, la conscience bien entraînée peut observer le mammifère délirant, sourire devant son manège et mener à une réaction saine du genre « Chérie, j'aimerais te parler de quelque chose, un truc qui me traverse l'esprit… j'apprécierais qu'on partage l'addition. » Le petit moi qui se sentait humilié, méprisé, rejeté entreprend désormais un dialogue sur le partage.

Vous comprenez mieux, je crois. Dans toutes ces situations, seul l'ego (le rongeur) se sent menacé, non qui vous êtes vraiment. Celui-ci n'est jamais menacé.

JAMAIS ! Qu'êtes-vous alors ?

Au surplus, cette identification au trou ne rend pas plus heureux. Au contraire. Plus le trou (ce que je possède) grandit, plus l'ego grossit à son tour. Autrement dit, plus on associe ce que l'on est à ce que l'on a, plus s'intensifie la crainte de perdre ce que l'on a.

De nos jours, le trou est devenu sans fond. Voilà pourquoi Pensouillard court à s'en rendre malade. Il y ajoute, jour après jour, de quoi se rendre indestructible : des connaissances, des objets, des personnes, du Botox, des prothèses, des cheveux... Il multiplie les efforts pour devenir tellement jeune et tellement gros que même s'il venait à disparaître, il resterait toujours un petit quelque chose de lui-même, quoi qu'il arrive.

Mais j'ai une bien mauvaise nouvelle pour vous : jamais l'ego ne se sentira suffisamment gros – ou complet – pour ne plus craindre de disparaître. La peur et l'ego demeureront toujours indissociables.

Tant qu'il y a de l'ego, il y a de la peur.

Chapitre 5

Les péchés capitaux (au ralenti)

> “*Le meilleur moyen de ne pas avancer est de suivre une idée fixe.*”
>
> JACQUES PRÉVERT

Pour vous montrer encore mieux comment le processus d'identification conduit à l'apparition du petit moi et provoque la souffrance psychique, je vais recourir à d'autres exemples tirés du quotidien, toujours sur le mode du ralenti – car l'identification, vous le savez maintenant, s'opère très vite.

Le petit moi adore l'identification ; plus il a d'identités, moins il a de chances de mourir. Il allume la télé et commence à regarder un match ou un jeu quelconque ? Même s'il ne connaît pas les participants, en quelques secondes, il fait son choix, il s'identifie ! Un instant suffit à Pensouillard pour ajouter une identité à sa collection. Et si celle-ci est menacée (voir son joueur préféré vaincu, par exemple), Pensouillard passe à la vitesse supérieure et laisse parler la tempête physiologique (stress, frustration, colère...). Quand les émotions s'en mêlent, rien ne va plus.

Quand j'étais enfant, on appelait ces émotions – l'envie, la jalousie, l'orgueil... – des péchés capitaux. On nous affirmait qu'on irait en enfer si on mourait après avoir commis l'un d'entre eux ! Quelle idée ! Il aurait été beaucoup plus judicieux de nous expliquer que l'enfer, c'était *vivre* l'envie, la jalousie ou l'orgueil, puis de nous montrer comment sortir de cet enfer. La sagesse de l'époque manquait de nuances.

Exemple n° 1

Votre voisin

1re séquence.

Votre voisin a acheté une nouvelle voiture. Une très belle auto, de celles qui attirent le regard dans la rue. Immédiatement, votre Pensouillard se met en mode comparaison : « Tu parles, ces bagnoles, de nos jours, n'ont plus le prestige d'antan. Elles sont fabriquées en Chine. De la main-d'œuvre bon marché ! De purs produits de l'esclavage moderne ! Moi, je ne ferais jamais ça, acheter une voiture sans tenir compte de ceux qu'on exploite ! Et puis attends un peu, mon gars, à la première panne, tu vas le payer cher ! » Votre ego, qui s'est identifié à votre propre voiture, est incapable de supporter qu'il y ait mieux ! Votre corps est tout tendu. Si l'on vous auscultait, on vous prescrirait sur-le-champ des calmants. Votre petit moi veut déjà plus. Pensouillard ne lâche pas : « La prochaine bagnole que je vais m'acheter sera construite dans un pays où les droits de la personne sont respectés. Et elle ne polluera pas, elle ! »

2e séquence.

À vous de jouer. L'activité mentale-conscience prend la parole : « Ça y est, voilà que je me prends pour ma bagnole... Pensouillard me prend la tête avec la caisse du voisin. C'est n'importe quoi. Et regardez ça comme je souffre ! »

3e séquence.

Vous vous asseyez quelque part et vous observez ce qui se passe en vous. Dans votre esprit et votre corps. Votre attention s'attache aux sensations physiques. Elle regarde passer les pensouillures. Vous prenez note du ridicule de la chose : vous n'êtes surtout pas votre auto ! Un sourire apparaît sur vos lèvres. La décroissance personnelle est complète, l'envie s'est évaporée, la frustration avec.

Exemple n° 2

Dans une librairie

1re séquence.

Je suis dans une librairie et je feuillette un livre de Christian Bobin. Tout à coup, je tombe sur ce petit bijou : « L'humilité, c'est la clef d'or. Dès qu'on prétend la tenir dans sa main, elle s'évanouit[1]. » Quelle phrase ! Pensouillard s'emballe : « Pourquoi ne suis-je pas capable d'écrire comme ça, moi ? Pourquoi y a-t-il des gens qui naissent avec un talent, et d'autres qui doivent trimer dur sans jamais arriver à créer quoi que ce soit de remarquable ? Pourquoi lui ? Pourquoi pas moi ? » Du coup, dans votre tête, la course de Pensouillard éclipse la réelle beauté de la phrase de Bobin. L'envie et la jalousie pénètrent et s'expriment dans votre corps.

2e séquence.

Déclic. Je me sens mal. Je n'étais pas comme ça, il y a quinze secondes. Que s'est-il passé ? Tiens, tiens, tiens, le petit moi souffre ! Il se lamente et bloque ma capacité d'émerveillement. Il n'y a plus de place pour la découverte ni pour goûter la beauté de la créativité humaine. Allez, un petit coup de décroissance personnelle.

1. *Autoportrait au radiateur*, Éditions Gallimard, 1997, p. 68.

3e séquence.

Debout, au milieu des rayonnages, je ferme les yeux. Je place toute mon attention sur la phrase de Bobin, que je relis plusieurs fois pour m'en imprégner. Je savoure sa musicalité, sa profondeur. Elle occupe maintenant toute ma tête. Le passage de l'activité mentale égoïque à l'activité mentale-conscience s'effectue en douceur. L'envie disparaît. La décroissance personnelle est terminée. Ne reste plus que cette phrase qui chante et délivre son enseignement.

Exemple n° 3

Le médecin

À la question « Êtes-vous médecin ? », je réponds aujourd'hui que j'ai étudié et pratiqué la médecine, et que je la pratique toujours. Mon interlocuteur semble toujours un peu surpris. Pourtant, ma réponse reste incomplète. Pour qu'elle soit tout à fait juste, il faudrait qu'elle adopte une forme plus loufoque, détachée de toute identité, du genre : « Le cerveau que vous avez devant vous a étudié la médecine. Il a enregistré des connaissances, pour la plupart objectives, des connaissances issues des recherches (observations et associations) effectuées par d'innombrables autres cerveaux depuis des siècles. Ce n'est pas le petit moi qui produit ou emmagasine des connaissances, ce sont les neurones. Les neurones n'ont pas d'identité ! Ce sont des neurones, un point c'est tout. » Imaginez la tête de mon interlocuteur… surtout si je poursuis : « Puis, ce cerveau qui répond à votre question a utilisé ces connaissances et acquis de l'expérience. Il a développé ce qu'on pourrait appeler une intuition clinique, et la volonté de prévenir des maladies dont les humains souffrent inutilement. »

Bien sûr, tout cela a parallèlement valu bien des gratifications à « l'activité mentale égoïque » présente dans ce cerveau : une reconnaissance sociale, un statut, des privilèges. Le petit moi aime bien dire : « Je suis médecin. » Il voit immédiatement apparaître un effet sur le visage de la personne qui lui fait face. Il aime jouir des attitudes qu'on adopterait à son égard. Or, ce cerveau sait maintenant à quel point le petit moi prive la véritable conscience d'être au service d'autrui. Il sait que l'orgueil n'est que source de souffrance parce que le petit moi ne recevra jamais assez de reconnaissance pour être repu. L'important est que l'activité mentale qui exerce la médecine soit libre des entraves du petit moi, qu'elle soit totalement disponible pour écouter, comprendre et offrir des soins appropriés.

C'est dans la décroissance personnelle que s'exprime la compétence.

Exemple n° 4

Un petit pet de rien

Comme médecin, j'ai vu des personnes mourir. Sur leur lit de mort, certaines pensaient encore, hélas, à l'image qu'on pouvait bien se faire d'elles. Leur ego utilisait le peu d'énergie qu'il restait dans ce corps agonisant pour protéger ce qu'on pouvait penser d'elles après leur mort. Je me souviens ainsi d'un patient dont l'abdomen était gonflé par des gaz. Il refusait pourtant de péter. On pouvait voir Pensouillard dans sa tête : « Je ne suis pas comme ça, moi. Je ne pète pas en public. Quelle image va-t-il garder de moi, le docteur, si je me laisse aller devant lui ? »

Heureusement, la décroissance personnelle était partout présente autour de lui, notamment dans l'accompagnement éclairé des infirmières et leur « laissez-vous aller » plein de compassion. Le patient a fini par comprendre, par accepter la présence et l'amour de ses proches, sans craindre d'être jugé. Et son corps a lâché prise...

Le petit moi a alors laissé sa place à la vie, dans ses ultimes soubresauts, place à un repos bien mérité. Et dans ses derniers instants, il nous a dit : « Merci d'être ce que vous êtes. »

S'entraîner, inlassablement

Voici une suite d'énoncés. Cochez ceux qui semblent correspondre le mieux à ce que vous croyez être. Si vous voulez en ajouter, ne vous gênez pas.

...Le moi héros ...Le moi français... Le moi guérisseur... Le moi guerrier... Le moi sauveur... Le moi saint... Le moi photographe... Le moi artiste... Le moi poète... Le moi cuisinier... Le moi plombier... Le moi beau... Le moi maladie... Le moi en métro... Le moi châtain ... Le moi écolo... Le moi gestionnaire... Le moi intelligent...

Bon, inutile de continuer, on remplirait une encyclopédie. Pourtant, vous n'êtes rien de tout ça ! Avez-vous choisi d'être structuré ? Ou désorganisé, au contraire ? Votre voisin a-t-il choisi d'être chauve ? Ou pauvre ? Ou Français ? Ou chinois ? Que serez-vous demain ? Dans dix ans ? Impossible à dire.

Alors, qu'êtes-vous ? Prenez bien note que je n'ai pas écrit « *Qui* êtes-vous ? », mais bien « Qu'êtes-vous ? » Prenez le temps, pour le moment, de réfléchir à la différence entre le *qui* et le *que*.

Maintenant, essayez, pendant cinq minutes, de ne pas utiliser le *je* ou le *moi*, comme dans le jeu qui consiste à ne dire ni oui ni non le plus longtemps possible. Faites-le d'abord au fil d'une conversation. Les personnes qui vous entourent ne sont pas obligées de savoir que vous êtes en train de jouer. Essayez de leur parler sans utiliser les mots moi, mien, mon ou ma... Trouvez d'autres tournures. Vous verrez que ce n'est pas facile.

Puis, reprenez l'exercice quand vous serez seul, soyez à l'affût du nombre de *je* ou de *moi* qui circule dans votre tête. Pendant cinq minutes, comptez-les ! Vous verrez qu'en essayant de les compter, vous les faites diminuer. C'est un autre petit truc pour enclencher la décroissance personnelle.

Essayez de vous prêter au même exercice lors d'un débat d'idées. Plutôt que de vous acharner à détruire les arguments de l'autre, traquez le petit moi dans votre discours : « Tiens, c'est le petit moi qui cherche à se défendre, le petit moi qui veut gagner à tout prix. Et s'il gagne, ça changera quoi à l'évolution de la vie sur cette planète ? » Constatez que c'est l'activité mentale-ego chez vous qui méprise l'activité mentale-ego de l'autre, comme dans un combat à mort. Dans un monde idéal, si l'activité mentale-conscience menait l'échange, il n'y aurait pas de conflit, mais juste un dialogue tourné vers la manière la plus appropriée d'agir. Car c'est un fait, deux pensées sans ego s'enrichissent mutuellement.

Chapitre 6

Arrêter de se faire du cinéma

« *Aussi, dès qu'une pensée apparaît, reconnaissez sa nature de vacuité. Elle perdra aussitôt le pouvoir de susciter la pensée suivante, et la chaîne de l'illusion prendra fin.* »

KHYENTSÉ RINPOCHÉ

Vous avez fait l'amour, il y a de cela quelques heures à peine. Vous repensez à ce moment, assis sur le banc d'un parc, les pieds dans les feuilles d'automne. Vous êtes seul. Vous vous passez et repassez le film de vos ébats. Tout votre corps sourit !

Vous revoyez la main qui glisse dans le pantalon ou sous la jupe. Elle ne prend pas la peine de détacher les boutons ni d'ouvrir une fermeture. La paume cherche la fesse et la fesse cherche la paume. Le bas-ventre réclame sa part, lui aussi.

Vous êtes donc assis sur ce banc, sous un léger soleil de fin d'après-midi et, au milieu de votre esprit, Pensouillard projette un film érotique dans lequel vous jouez votre propre rôle. Toutes les cellules de votre corps frémissent devant le spectacle.

Soudainement, les images changent, comme si Pensouillard venait de modifier le programme sans prévenir. Cette fois, c'est le visage de la personne avec qui vous venez de faire l'amour qui s'affiche. Un visage fermé. Un visage qui se détourne chaque fois que vous lui parlez de vos rêves. « Je ne sais pas, vous répète-t-elle pendant que vous cherchez vos vêtements éparpillés sur le sol. Je ne sais pas, je ne sais pas, maintenant laisse-moi ! » Le film s'arrête : clic, clic, clic, clic... Atterrissage brutal. Lumière dans la salle.

Vous êtes toujours assis sur le banc. Devant vous, des enfants jouent. Ils se lancent des feuilles d'automne auxquelles se mêlent leurs rires d'oiseaux. La brise est douce et porte des parfums de bois brûlé. La lumière est parfaitement tiède, mais toute votre chair sanglote. Que se passe-t-il ? Que s'est-il passé ? C'est simple, et ça n'a pris qu'une fraction de seconde : l'amour égoïque a trafiqué le film ! Votre beau film, le vrai, celui de l'amour vécu, s'est fait virer de votre écran par la place que votre petit moi réclame !

L'amour, sans petit moi, ne peut vivre que dans le présent. Ailleurs, il étouffe. Et ce qui tourne alors dans la tête n'a rien à voir avec l'amour. Ce sont des rêveries, des fantasmes, des cabrioles égoïques ! L'amour ne vit pas hier, pas plus que demain, et fait passer la formule éculée « Plus qu'hier, moins que demain » pour une grossière ineptie. L'amour EST. Point à la ligne ! Ici. Maintenant. Libéré de Pensouillard ! Amour rime avec moment présent. Alors, comment faire pour s'y adonner pleinement ? **En interrompant la course de son esprit.**

Pensouillard, pour ne pas mourir, rejette sur-le-champ toute idée qui le freinerait et lui donnerait l'impression d'être mort. Ou rejeté. Ou exclu. Il mesure sa valeur à la vigueur de sa course et évalue chaque instant ce qui pourrait lui faire perdre des points. C'est pourquoi il compare, mesure, juge. S'il se sent négligé, c'est qu'il n'est plus aussi important qu'il l'espérait. Il n'est plus « quelqu'un ». Dès que la roue sent le moindre ralentissement, elle se met à couiner. Et c'est alors tout le corps qui s'en ressent ! Et la souffrance se dilate. Rien ne va plus.

Exercice

Vous le savez maintenant, la solution pour éviter ce malaise est simple : il vous faut apprendre à observer et comprendre qu'images et sensations sont intimement liées. En effet, au moment où les images changent dans l'esprit, les modifications suivent dans le corps (sensations).

Découvrez votre capacité à maîtriser ce processus. Trouvez-vous un parc, un banc, une brise tiède, une fin d'après-midi, une lumière parfaite, des chants d'oiseaux... Bref, posez-vous quelque part, AU CALME !

Entrez maintenant dans le cinéma de votre esprit. Choisissez un film parmi le bric-à-brac de vos archives neuronales. De préférence, optez pour une histoire d'amour, et plus précisément une de ces situations qui, au cours de votre vie, a commencé par de délicieuses insomnies pour se terminer dans d'abominables cauchemars – qui n'a pas vécu de flop sentimental ? Maintenant, projetez-vous une scène érotique. Allez, ne soyez pas gêné, ce n'est qu'un exercice, rien de malsain ! Observez le glissement progressif du plaisir dans vos cellules. Sentez-le se répandre. C'est instantané !

Changez de scène. Choisissez celle qui retrace le moment où vos rêves se sont brisés, où tout a dérapé. C'est difficile, n'est-ce pas ? Vous aviez envie de continuer, d'aller plus loin, et soudain vous revivez la seconde où la petite voix s'est écriée : « Je ne peux pas ! Je ne peux pas m'engager. Faire l'amour toute ma vie avec la même personne, ce n'est pas pour moi. Allez, adieu. »

Observez le malaise qui tend et tord vos fibres. Là aussi, c'est instantané. Prenez conscience des changements biochimiques, hormonaux, physiologiques. Il a suffi de quelques images, rien de plus. OBSERVEZ !

Sortez maintenant du cinéma. Vous êtes toujours dans cet espace calme que vous avez choisi au départ. Humez les parfums environnants à pleines narines. Sentez le contact de vos pieds avec le sol. Écoutez le chant des oiseaux ! Regardez les enfants qui jouent. Placez toute votre attention dans leurs gestes, leurs rires, leur innocence. TOUTE VOTRE ATTENTION ! Ne vous laissez pas déconcentrer. Sentez la vie qui circule en vous. Ce n'est pas une blague : sentez-la ! À ce moment-là, vous entrez dans le royaume de la vie sans ego. Bravo.

Si votre tête n'est plus habitée que par la sensation de l'énergie qui chemine en vous (c'est-à-dire zéro mot !), vous entendez alors la vérité, celle clamée par le silence depuis si longtemps. Un bien-être exempt des manques de Pensouillard, de ses insuffisances.

Toutefois, restez vigilant, car la petite bête peut resurgir à tout moment et reprendre son vacarme ! Si vous êtes à l'affût, vous la verrez réapparaître. Vous pourrez même en rire. Ramenez alors votre attention sur les enfants qui jouent, les parfums environnants, les caresses de l'air ambiant. Connexion. Déconnexion. Connexion. Déconnexion. Le silence s'installera alors dans votre tête, un silence qui vous rendra heureux plutôt que « spécial ». En fait, plus rien en vous ne vous conférera de statut particulier. Personne ne se retournera sur votre passage pour dire : « Tiens, un être éveillé ! Quelqu'un de libre. Un humain que la souffrance a abandonné. » Vous aurez l'air ordinaire, même très ordinaire. Nulle part on ne vous remarquera pour votre seule présence (comme quand vous entrez dans une pièce, par exemple), mais vous verrez comme vous vous sentirez profondément bien, tellement léger.

Une telle qualité de présence pourrait cependant, dans certaines circonstances, vous valoir des critiques. N'en soyez pas surpris. Comprenez ce qui se passe : le Pensouillard des autres s'attaque au silence qui habite votre esprit, à cette sérénité en vous qui les insulte, les humilie, les met mal à l'aise. Vous, vous êtes à l'abri. Vous n'avez plus d'ego à offrir en pâture, de moi qui va réagir, s'offusquer, se vexer, attaquer, contre-attaquer, bref, s'emballer. Qu'avez-vous ? La liberté. Un espace inviolable. Les films qui défilent en vous ne sont que des réinterprétations de certains événements passés ; en aucun cas ils ne sont la réalité. La réalité, vous l'avez déjà vécue. Ce que vous en faites n'a jamais eu lieu. Ce ne sont que des clips projetés sur votre toile mentale. Rien de réel ! Alors, la paix s'installe… et tout votre corps sourit. C'est la décroissance personnelle.

Cela vous semble trop simple ? Voire ridicule ? Essayez, vous verrez. Consacrez-y toute votre attention. Toute ! Jusqu'à ce qu'il n'y ait plus rien dans votre tête. Si vous arrivez à la même conclusion après avoir tenté l'expérience, c'est que Pensouillard court encore dans votre cervelle, toujours poursuivi par la peur.

PAUSE-CONSCIENCE

APPRENDRE À SE DÉTACHER DU PASSÉ

Parfois, quand j'écoute une personne me raconter sa détresse, j'ai envie de sourire. Je dois même faire attention, car je ne veux pas qu'elle prenne ça pour une absence de compassion. Si je souris, c'est que je vois les films d'horreur qu'elle se passe. Et je compatis. Elle est comme au cinéma, elle s'identifie aux personnages et ne s'en rend pas compte.

Il y a tellement de films d'horreur dans notre esprit que nous ne savons plus lequel regarder. Pourquoi y en a-t-il autant ? Parce que nous carburons à la mémoire. Nous passons une grande partie de notre existence à vivre dans le passé, donc dans ce qui n'existe plus ! Nous nous repassons des vieilles histoires en espérant que, à force de les revoir, elles s'effaceront. Notre cerveau imagine qu'à force de ressasser les mêmes séquences, la fin changera ! Mais bon sang, comment cela serait-il possible ?

Pensouillard est un projectionniste hors pair ; il nous fait vivre une projection privée en continu, vingt-quatre heures sur vingt-quatre. Ce petit hamster – notre ego – joue avec les pellicules (nos souvenirs) en testant différents montages : il réécrit des scènes, embellit par-ci, enlaidit par-là, dans le seul but de se donner le plus d'importance possible, de se hisser sur la première marche du podium. « Mais pourquoi m'a-t-il dit ça ? Pourquoi n'est-ce pas moi qui ai eu cette promotion ? Et elle, pourquoi me regarde-t-elle ? Je suis sûr qu'ils ont fait exprès... Si j'avais su... Si je ne m'étais pas marié à l'autre, là, je ne serais pas obligé de travailler comme un forcené pour nourrir des fainéants qui se traînent les pieds avec le fond de culotte aux genoux ou la bedaine à l'air... J'aurais pu voyager, gagner des médailles olympiques, devenir vedette de cinéma, séduire tout ce qui passe... Profiter de la vie, quoi ! »

Quoi qu'il en soit, Pensouillard peut bien réécrire le passé cent fois dans votre tête, jamais il ne sera satisfait. S'il tourne jour après jour, c'est en aspirant à devenir autre chose. Il essaie désespérément de refaire une beauté à sa mémoire, de se présenter sous un meilleur jour. C'est une sorte d'autochirurgie plastique de l'ego, une course à la croissance personnelle, à l'embellissement permanent du hamster ! Le problème, c'est que cette course folle ne mène à rien, puisqu'elle repose sur hier pour fabriquer le look de demain. Ce que vous êtes aujourd'hui – ou serez demain – est le fruit exclusif de la présence que vous consacrez à chaque instant que vous vivez. Il s'agit d'un instant unique dont vous devez jouir pleinement, pas un fantasme anticipé à partir de vieux souvenirs trafiqués.

Entre vous et moi, le passé n'a pas d'avenir. Tout le temps que vous y consacrez est du temps perdu. Votre Pensouillard peut revisiter le passé autant qu'il veut, il ne pourra rien y changer.

« Mon père m'a donné des coups de pied au cul quand j'avais quatre ans, et des coups de ceinture, et des gifles, ça fait encore mal ! J'en ai maintenant quarante-quatre et j'ai mal partout. Si seulement il avait été cul-de-jatte... et manchot ! »

« Ah ! l'imbécile de prof qui m'a tapé la tête avec un dictionnaire ! Je serais sûrement meilleur en orthographe si j'avais eu un autre prof. »

Voyez-vous le hamster qui s'acharne à transformer ce qui n'existe plus ? Vous rendez-vous compte à quel point c'est absurde ? Ce que vous appelez parfois ce « passé de merde » n'existe que dans la roue de votre Pensouillard chéri. Un jour, il y a longtemps, vous avez filmé une scène de votre vie que vous vous repassez sans cesse, comme si, à force, elle allait se transformer. Malheureusement, plus vous rejouerez ces scènes, plus vous permettrez au processus d'identification de se consolider et de créer de fausses identités. Vous deviendrez ce que vous n'êtes pas : quelque chose de « fini » qui n'existe qu'à l'état d'enregistrement dans vos archives neuronales.

Je le répète, encore et encore : ce n'est pas vous le problème, c'est la course du hamster ! Être conscient, c'est être capable de faire la distinction entre un film et la vie. C'est comprendre que vouloir refaire le passé pour favoriser la croissance personnelle est une erreur monumentale. Pourquoi ? Parce qu'en favorisant la croissance personnelle, c'est la croissance de votre hamster que vous encouragez. Pas celle de la vie !

Aujourd'hui, quand on me demande qui je suis, je réponds : « Je suis une forme qu'a empruntée la vie pour une certaine période, c'est tout. » Il n'y a que la décroissance personnelle qui peut vous permettre de devenir ce que vous êtes vraiment, c'est-à-dire une conscience capable d'aimer.

Chapitre 7

Du sexe, du sexe, encore du sexe !

> « *La plupart des gens gaspillent leur énergie soit en niant la sexualité, soit en faisant vœu de chasteté, soit en pensant au sexe en permanence.* »
>
> JIDDU KRISHNAMURTI

Parlons un peu de sexe, et commençons par une mise au point. Vous ne trouvez pas qu'on en parle à ne plus savoir qu'en dire ? Qu'Il est partout ? J'ai lu quelque part que les sites pornographiques étaient les plus fréquentés sur Internet et qu'ils rapportaient des milliards. Pourquoi avons-nous tant besoin d'en parler ?

La réponse constitue un sérieux paradoxe – appelons ça le « paradoxe hamstérien » : si nous parlons autant de sexe, c'est que ça fait taire Pensouillard ! Quand une personne s'envoie en l'air, son esprit peut enfin être en paix pendant une certaine période… Il s'agit même peut-être du seul geste qui l'apaise dans son existence.

Pour bien comprendre, observons deux humains en train de faire l'amour (non, je ne suis pas obsédé ; dites-vous plutôt qu'il s'agit d'une obsession pédagogique, fort utile pour attirer l'attention de mon auditoire). Dès les premières caresses, Pensouillard ralentit. Son activité diminue. Comme si chaque baiser appuyait sur la touche « Ralenti » et provoquait un doux débrayage de sa roue. Autour de la petite bête, tout n'est que sensations : chaleur, humidité, goûts de salive et de peau. Des cheveux dans des cheveux, des poils dans des poils, des lèvres qui savourent des lèvres, des frissons dans les mains, des gémissements, des soupirs, des halètements, des hurlements... Toute l'attention est sollicitée par la vie !

De temps à autre, des mots, brefs et intenses : « Oui ! Oui ! Oui ! Encore ! C'est bon ! C'est bon ! C'est bon ! » Des mots surprenants, car ils n'émanent pas de la roue, maintenant au repos. Ces mots sont poussés par l'explosion de vie... ou par le silence peut-être.

L'esprit des amants n'est alors habité que par le grain de leur peau et le langage qu'ils partagent. Toute la conscience se consacre à ce que les mains donnent et reçoivent, à ce que la bouche apporte et prend, à ce que les sexes échangent. Le pensouillage semble ne plus exister dans l'encéphale. Rien que contemplation et jouissance ! Une grande vibration qui pourrait fendre la terre. Une vaste présence à ce qui est. Une observation simple. Une sensation pure.

Pensouillard est au repos complet. Hélas ! La jouissance à peine achevée, il remonte dans sa machine. Sa roue redevient convulsive. C'est à nouveau le tintamarre dans la tête des amants et ça couine déjà à propos du plaisir disparu : « Dieu que c'était divin ! », « Je me sens si légère sous ton poids ! », « T'es tellement belle, j'oublie qui je suis dans tes bras... »

Bref, envolée la présence attentive au souffle de l'autre, disparue la paix qui parcourt les corps. Il n'y a plus que Pensouillard qui s'excite de plus belle : « J'ai enfin trouvé l'âme sœur ! Celle avec laquelle je pourrai être moi-même, celle qui n'essaiera pas de me changer et de faire de moi un autre ! Celle qui m'aidera à grandir ! »... Blablablabla !

Quelques années plus tard, après une galipette de trois minutes en pilotage automatique, la cage de Pensouillard fait rugir de grands crissements : « C'est vraiment elle qui m'amenait au septième ciel, son corps d'enfer et sa fougue lascive ? C'est la même aujourd'hui qui surcharge le lave-vaisselle et me saoule à vouloir repeindre les plafonds en jaune ? Qu'elle se taise, au moins ! » Vous notez tout ce vacarme mental, toute cette souffrance, alors qu'il n'y a ni blessure, ni égratignure ? Seulement le petit moi qui blâme celui d'en face de n'être plus à son service, de n'être pas celui qu'il voudrait qu'il soit, et de le priver, par là même, du plaisir de se sentir « spécial ».

Dans le monde de l'ego, le credo est : « J'existe à partir du moment où le regard de l'autre se pose sur moi. Si je perds ce regard, c'est mon existence même qui est menacée. » Pensouillard appelle ça aimer ! Tout ce tapage, tout ce bruit... Peut-il en être autrement ?

Le désir n'est jamais un problème. Il ne le devient que lorsque le petit moi s'en mêle. La prochaine fois que le désir montera en vous, observez-le ! Placez votre attention sur ses manifestations physiques. Faites taire le petit moi qui s'agite (« Ce mec-là, c'est moi qui vais l'avoir » ou « Non, elle n'est pas pour moi, elle est bien trop belle ! ») et ne jugez pas. Contentez-vous de regarder les mots défiler. Distinguez la part du désir activée par ce que Pensouillard raconte (ou les mauvais films qu'il projette) et la part réelle, physique, du désir. Si vous activez pleinement l'activité mentale-conscience, le désir prendra un tout autre sens : soit il s'atténuera – fin de l'aventure – soit il vous amènera vers l'autre dans l'authenticité. Et dans cette authenticité, il vous sera possible de nommer ce qui vous habite.

Et si vous trouvez ça encore trop difficile, voici un cadeau que m'a fait une grande amie nonne bouddhiste, une phrase grâce à laquelle s'évapore la peur ressentie par le petit moi : « Si je n'avais pas peur, qu'est-ce que je ferais ? »

PAUSE-CONSCIENCE

AMOUR ÉGOÏQUE OU AMOUR VÉRITABLE ?

> « *C'est parce que l'amour est absent que vous faites du sexe un problème.* »
>
> JIDDU KRISHNAMURTI

J'aimerais vous parler un peu d'amour, pas à vous personnellement, pas à votre petit moi, mais d'amour en général. J'ai soigné beaucoup de personnes qui souffraient de ce qu'elles appelaient une « peine d'amour ». En les écoutant, on voyait vite leur petit moi s'agiter. Leur visage se transformait en vitrine derrière laquelle on voyait tourner la roue et jaillir les pensouillures, comme du fumier qu'on épand dans les champs – de l'engrais pour la souffrance. Moi, moi, moi... toujours, inlassablement. Dans leur discours, aucune pensée sans ego ! Que du petit moi. « Il m'a fait ci, je lui ai dit ça... » Ces personnes confondaient l'amour égoïque – l'attachement – avec l'amour véritable.

L'amour égoïque vit dans l'activité mentale-ego. Il vit en moi, grâce à moi et avec moi. C'est le type d'amour le plus répandu, celui que recherchent la plupart des gens.

Quant à l'amour véritable, il vit dans l'activité mentale-conscience ; il est rare, peu connu, et c'est normal, car il n'y a pas d'ego dedans.

Problème : même en amour, Pensouillard est aux prises avec sa lubie de croissance personnelle. Il confond l'amour réel, celui dénué de toute attente et de toute contrepartie, avec celui où il ne se voit plus vivre sans l'autre. Quand on s'attarde sur l'expression « être amoureux », on comprend tout de suite qu'elle décrit un état (très recherché par le petit moi), un état d'euphorie, de profond bien-être entretenu par l'activité mentale-ego. Dans la tête de celui qui est amoureux, les pensouillures ne sont que beauté, harmonie, perfection à l'égard de l'être qui a choisi Pensouillard et l'a ainsi rendu spécial. C'est lui qui a été choisi, après tout, personne d'autre ! Un tel pensouillage provoque d'abondantes sécrétions d'endorphines. Les magazines people, les romans harlequin et les films romantiques vendent ce genre d'amour.

Bien sûr, pendant une certaine période, il y a célébration mutuelle. On est attentif aux besoins de l'autre, à son bien-être, à son plaisir. Mais un jour, le petit moi – l'activité mentale-ego – commence à avoir peur de perdre l'autre, ou bien trouve que cette relation ne lui permet plus de croître. Il commence à évaluer, mesurer, juger... On passe alors du « je t'aime, je t'aime, je t'aime... » à « on dirait que tu ne m'écoutes pas quand je te parle » ou à « tu sors encore ce soir ? », et ces pensouillures deviennent peu à peu un mode de vie.

L'amour véritable n'a rien à voir avec un *état* ; l'amour véritable est *mouvement*. Il est vigilance, présence, attention, ouverture.

Pensouillard ne pourra jamais connaître l'amour véritable, car dès qu'apparaissent ses pensouillures on n'est plus dans l'amour mais dans l'agitation du petit moi. Les pensouillures qui traversent les esprits sont comme ces banderoles publicitaires qui traînent derrière les avions. On y lit : « je suis amoureux ! » l'amour véritable ne fait aucune publicité. Il n'a pas à manifester qu'il est spécial ou extraordinaire. Ce n'est pas le petit moi qu'il porte dans les pensées, c'est la personne aimée, une personne qui n'est pas idéalisée, qui est vue telle qu'elle est. Les pensées disent alors : « Qu'est-il possible de faire pour contribuer à son bonheur ? » L'amour véritable peut même ne rien dire du tout, et le cœur comprend.

Dans l'amour égoïque, si le petit moi se convainc que c'est fini, alors il plonge dans le désespoir. Le hamster fait tourner sa roue, réactive et réécrit le passé, ces jours où tout était beau, où rien ne clochait, où tout était supposément parfait. Il crie maintenant :

« Rien ne va plus ! » La douleur s'accentue d'heure en heure. Le supplice de la roue s'intensifie, mais Pensouillard s'acharne à la faire tourner dans l'espoir que quelque chose arrive, que l'autre revienne courir avec lui. C'est comme la roulette du casino, Pensouillard hurle : « Faites vos jeux ! Misez sur moi ! Misez sur moi ! » et la roulette d'enchaîner : « Rien ne va plus ! Rien ne va plus ! » C'est ça l'amour ?

Je le répète, Pensouillard confond attachement et amour. Comme il s'identifie à l'objet de son attachement, à cette nouvelle possession qui le valorise (une belle fille, un gars riche, qui a du pouvoir, de gros muscles), il ne peut tolérer de le perdre. En le perdant, il perd de sa propre valeur. Quand Pensouillard pleure le départ d'un objet d'attachement – un idéal –, il pleure sa propre mort. Voilà pourquoi sa souffrance est si intense. L'amour qui vit dans l'univers de la croissance personnelle est nécessairement aux prises avec la dépendance. Dès que le moindre doute s'installe – « M'aime-t-elle encore ? » – Pensouillard se met à chanter à tue-tête son grand classique, *je ne peux vivre sans toi !*

En cas d'amour véritable, la souffrance prend une tout autre forme lors d'une séparation. Cette rupture donne l'occasion de faire un pas de plus dans l'apprentissage de la décroissance personnelle. En ce sens, il s'agit d'une souffrance qu'on peut qualifier d'utile.

Concrètement, voici comment peut s'effectuer la décroissance personnelle à la suite d'une rupture ou d'un décès.

1re séquence.

Au moment de la séparation, Pensouillard s'emporte : « Que vais-je devenir ? Je ne suis plus rien ! La vie ne vaut plus la peine d'être vécue. » l'activité mentale-ego crée une nouvelle identité : celle de victime. « Personne ne peut souffrir autant que moi ! »

2e séquence.
Le déclic se fait, le cerveau se branche sur l'activité mentale-conscience, qui prend la forme suivante dans la tête : « Ça y est, il y a Pensouillard qui débite ses lamentations, ses plaintes, ses tourments. Toute ma tête n'est occupée que par ça ! »

3e séquence.
Le cerveau est en mode observation de ce qui se déroule, tant dans sa propre structure que dans le corps, dont il est un des organes. L'activité mentale-conscience observe les manifestations physiques de la tristesse, les souvenirs qui défilent, le discours de Pensouillard à leur sujet. Elle prend du recul. Elle est calme. Elle n'analyse pas ni ne juge ; elle se contente d'observer. Le calme apparaît doucement. La décroissance personnelle produit ses premiers résultats. Puis, peu à peu, l'attention se tourne vers la personne qui part. Elle devient une présence à ce que cette personne est en train de vivre, sans hostilité, sans mépris. Une observation des besoins évoqués (lors d'une rupture) ou de l'apaisement final de sa conscience (lors d'un décès). Ne reste plus, dans la tête qui observe, qu'une paix remplie d'amour. Pensouillard n'est plus là pour résister.

L'amour véritable ne peut vivre que dans la décroissance personnelle, nulle part ailleurs.

Exercice

Si vous craignez toujours que votre hamster prenne le pas à chaque instant d'inattention de votre part, essayez l'exercice qui suit. Inutile de vous cantonner au domaine strict de l'amour – « Il ne me regarde plus de la même manière », « Elle ne se fait plus belle en ma présence » – pour comprendre où je vous emmène.

Prenez quelques minutes pour lire le journal ou un magazine. Pendant que vous lisez, ne vous attardez pas sur les informations, attachez-vous seulement aux jugements que votre mental émet. Clic ! Constatez comment derrière chaque jugement se cache le petit moi : « Je ne suis pas comme ça, moi ! Oh non ! Je ne suis pas comme cet homme d'affaires qu'on a arrêté parce qu'il ne payait pas ses impôts. Je ne suis pas comme cette star qui a quitté sa femme et ses enfants. Je ne suis pas comme ce sportif qui ne fait aucun effort. Je suis honnête, moi ! Et fidèle. Et travailleur. »

L'ego a besoin de tous ces « méchants » médiatiques pour se donner un statut supérieur et se sentir en sécurité. C'est toujours l'autre le responsable, jamais soi-même.

Refaites le même exercice lors d'une promenade. Observez la quantité de jugements qui meublent votre tête ; vous pouvez même tenter de les compter. Prenez conscience de toutes ces pensouillures à propos de votre conjoint(e), de vos parents, de vos enfants, de vos collègues, de votre patron, de vos employés, de vos voisins, des politiciens, des immigrants, de vous-même. Autant de jugements qui polluent votre cerveau. Entendez ce petit moi qui dit : « Je ne suis pas comme ça, moi ! J'agirais différemment, et ce serait bien mieux. »

S'il n'y avait pas tous ces jugements dans votre tête, qu'y aurait-il ? Prenez le temps d'y penser. Pendant que vous cherchez la réponse, il y aura peut-être un moment de silence dans votre cervelle... Dans ce moment de silence, ce moment où l'activité mentale est libre du petit moi apeuré, l'amour véritable peut se manifester.

Chapitre 8

S'adonner à la méditation

> « *La vraie générosité envers l'avenir consiste à tout donner au présent.* »
>
> ALBERT CAMUS

Voici mon humble définition de la méditation : un moyen inventé par les humains pour calmer Pensouillard. En fait, c'est un exercice pendant lequel le cerveau apprend à passer de l'activité mentale-ego à l'activité mentale-conscience. Certains sages parlent plutôt de la maîtrise de l'esprit, quand le cerveau se maîtrise lui-même. Si cet exercice est pratiqué sur une base régulière, l'activité mentale-conscience apparaît de plus en plus rapidement lorsque l'activité mentale-ego est en train de faire ses ravages.

Méditer, c'est s'adonner pendant au moins vingt minutes par jour à la décroissance personnelle. Ces vingt minutes permettent qu'un changement s'installe en permanence dans le système nerveux, comme un disjoncteur qui couperait automatiquement le courant quand « rien ne va plus ». Ce temps d'arrêt (vingt minutes idéalement) doit devenir votre priorité pour que Pensouillard cesse d'être le meneur de jeu de votre vie.

Méditer sur une base régulière, c'est comme les pompiers qui apprennent à éteindre les incendies dans des poubelles. Ils n'attendent pas que le feu prenne au dernier étage d'une tour pour apprendre leur métier, ils s'entraînent au quotidien. J'ai eu si souvent l'impression que ma tête s'enflammait avant de méditer ! Le feu y consumait tant ma santé physique que mentale. J'ai également constaté que, pour être en mesure d'éteindre ce brasier, il fallait s'entraîner.

Au début, la méditation revient à observer le tapage qui remplit notre esprit, toutes les histoires qui s'y racontent, tous les discours qui s'y tiennent ; une sorte de parlement siégeant jour et nuit où s'expriment tout et son contraire.

La méditation, ce sont vingt minutes permettant d'observer le processus d'identification – la plus grande dérive de toute l'histoire – et de comprendre que ce n'est pas là-dedans que la souffrance psychique s'apaise mais dans son contraire. Il s'agit d'un laps de temps propice pour saisir que l'identification mène à vouloir être plus, à croître, alors que la désidentification conduit à ne rien vouloir et, par conséquent, à décroître.

Pendant ces vingt minutes, l'activité mentale constate que l'esprit a mélangé ce qui est à sa disposition avec ce qu'il s'approprie, et que tous les « mon », « ma », « mes » ne sont pas

« nous », mais du vent. « Mon » équipe de foot, « ma » culture, « mon » peuple, « ma » cravate, « mon » idée, « mon » organisation, « ma » maladie, etc. Du vent !

Quand la conscience réalise qu'elle est déjà tout ce dont elle peut rêver, elle se consacre à ce qu'elle fait de mieux : s'émerveiller, sentir, créer, aimer. Fini le Je-Je-Je. « Je est un autre », disait déjà Arthur Rimbaud en 1871. Quelle clairvoyance ! Quel profond respect j'ai pour lui, tant il avait raison ! Il avait compris que le petit je n'est pas la vie, qu'il n'est qu'un pur produit de la mémoire, du processus d'identification, un discours dans une tête, et lorsque ce discours s'apaise, l'art peut prendre forme. Théâtre, littérature, poésie... Peu importe la forme choisie, la conscience compose alors de la musique qui fait taire les hommes, une musique qui invite au silence afin de remplacer Pensouillard par les étoiles. Fini la souffrance ! Juste de la présence ! Une ouverture aux sensations.

Par les soirs bleus d'été, j'irai dans les sentiers,
Picoté par les blés, fouler l'herbe menue :
Rêveur, j'en sentirai la fraîcheur à mes pieds.
Je laisserai le vent baigner ma tête nue.
Je ne parlerai pas, je ne penserai rien :
Mais l'amour infini me montera dans l'âme,
Et j'irai loin, bien loin, comme un bohémien,
Par la nature, – heureux comme avec une femme[1].

1. Poème *Sensations,* tiré du recueil *Poésies,* 1870.

Comprenez-vous mieux maintenant le rôle de la méditation ? Installer confortablement la conscience dans sa tête, devant la cage du hamster, pour le regarder courir. Le voir s'angoisser, se priver de sommeil, parce que le temps manque, que le communiqué n'est pas parti à temps, que les mails en attente s'accumulent. Et il est trois heures du matin ! De quoi aurez-vous l'air demain, hein ? C'est quoi l'idée d'avoir un hamster dans la tête ? C'est qui, l'imbécile qui l'a mis là ? Et puis il y a ce point dans votre dos qui ne vous lâche pas. Cancer des os, c'est sûr ! Même pas la peine de voir un médecin. De toute façon, impossible d'avoir un rendez-vous avant au moins un an ! Ils l'ont dit à la télé. Et tout cet argent à la banque, ramassé pour rien ! Et cet ingrat de patron pour qui vous vous êtes fendu en quatre et qui vous a toujours traité comme un moins que rien, vous, son meilleur employé ! C'est lui qui vous a rendu malade. LUI ! LE RAT !

Stop ! Repos !

La méditation, c'est s'asseoir au bord du lit quand une telle agitation mentale nuit au sommeil et placer son attention sur son souffle. Alors, le cerveau entre en mode méditation et fait tomber Pensouillard sur le museau. Alors, s'il reste quelques pensées dans la tête, elles ne sont pas teintées d'ego et peuvent ressembler à ça : « Ah, une tension dans l'épaule, comme c'est curieux ! Difficile de savoir d'où elle vient, mais elle est là. Les muscles sont contractés. Ça part de l'omoplate et ça descend jusqu'au bassin. Si elle perdure, je vais prendre rendez-vous en physiothérapie. Et je vais changer mon matelas, tiens, vingt-cinq ans de loyaux services, il a bien mérité d'aller se reposer, celui-là ! »

Vous savez quoi ? Quand la conscience comprend à quel point la course du hamster est absurde et qu'elle se met à rire de lui – surtout lorsqu'il tombe sur le museau –, eh bien, la bête descend de sa roue et se sauve en courant !

PAUSE-CONSCIENCE

LES MOINES ET LA PRIÈRE

> « *Si vous vous sentez seul, si vous voulez des problèmes pour passer le temps, vous pouvez les créer. Ils sont là, disponibles. Mais vous n'êtes pas obligé de les prendre.* »
>
> OSHO

Au cours des dernières années, j'ai eu la chance de séjourner dans un monastère bouddhiste au Népal. Attention, je ne veux pas faire l'apologie du bouddhisme, je n'y connais rien, mais j'ai rencontré des moines dans la tête desquels Pensouillard semblait s'être tu. Ou, à tout le moins, avait ralenti sa course. Il faut dire que ces moines avaient beaucoup médité. Tous les jours, en fait. Au repos et dans l'action.

Mais bon, malgré cet entraînement, certains m'ont avoué – j'ai eu la chance de discuter avec eux – qu'il arrivait encore à la bête (chez eux, un singe plutôt qu'un hamster) de s'énerver dans leur tête. Ils m'ont confié que dans ces moments-là, ils ne paniquent pas, ils observent le petit moi, ce soi-disant maître du monde, et éclatent de rire ! Soudainement, la roue se fait berceuse ou berceau. Les neurones ne servent plus alors qu'à conduire l'amour ; « l'amour altruiste » est l'expression qu'ils utilisent.

Si l'expression « s'aimer soi-même » avait un sens, peut-être serait-ce celui-là : n'être qu'une présence exempte de l'agitation de l'ego, une présence toute nue. Une présence qui voit apparaître les exigences du petit moi dans la tête (« Aimez-moi ! Aimez-moi ! ») et les laisse fondre comme un glaçon dans l'eau chaude. S'aimer soi-même, c'est consacrer 100 % de son attention à sentir l'amour circuler dans toutes les fibres de son être, sans discours égoïque pour court-circuiter les neurones.

Ces moines (des sages) affirment que les humains doivent choisir entre renforcer le petit moi ou lâcher le petit moi, et qu'ils n'ont pas d'alternative. C'est une question de survie pour l'ensemble de l'espèce. Selon eux, si les humains font le bon choix – celui de la décroissance personnelle – la vie pourra continuer à onduler dans les esprits, alors que s'ils choisissent de renforcer l'omniprésente agitation de Pensouillard, la vraie vie délivrera ses vibrations ailleurs.

Ces sages vivent dans des montagnes enneigées et savourent l'absence de temps (là-bas, pas d'horloge). « Coucou, coucou, ici le temps n'existe pas ! » À moins que ce ne soit pour ne pas rater l'autobus. Alors que nous... vous souvenez-vous du passage où je vous parlais de la réinterprétation du passé que nous faisons constamment ou de nos projections dans l'avenir ? Plus qu'hier, moins que demain...

Ces sages n'ont pas besoin de croire en Dieu ou de l'inventer. Ce sont des hommes de paix et de compassion qui se débarrassent du hamster névrosé très tôt au cours de leur existence. En fait, ils ne se débarrassent pas vraiment de lui, disons plutôt qu'ils apprennent à le débusquer où qu'il soit, dans la moindre pensée, le moindre désir. C'est leur jeu d'enfant. Dès que Pensouillard commence à courir, ils l'entourent d'une présence attentive, et ce dernier s'immobilise instantanément. Plus un mot ! Il n'a plus rien à dire ! Emporté par le silence et la contemplation, il n'offre aucune résistance et s'évapore dans le champ de la conscience. Pouf ! Disparu ! Ne reste plus que la pensée intelligente. Et l'énergie aimante.

Certains disent de ces moines qu'ils ne servent à rien. Erreur ! Ce sont des chercheurs. Ils servent à découvrir comment faire taire le petit moi, celui-là ne sert à rien d'autre hormis compter ses trophées (argent, maisons, conquêtes, etc.). Afin de se donner de l'importance et se conférer un statut divin.

Ces moines prient pour que les ondes de leur esprit communient avec celles de l'univers. Leurs prières n'ont rien à voir avec celles de Pensouillard. Quand celui-ci prie, il psalmodie des formules, marmonne des demandes, murmure ses peurs : il couine comme un goret. Ses prières sont pour lui une autre façon de se renforcer, comme un cri de guerre. Une sorte de papier tue-mouches pour attraper Dieu : « Viens à moi, Dieu ! Colle-toi sur moi ! Apaise ma crainte d'être rejeté ! Ma peur de ne plus exister ! » Si seulement les gens réalisaient qui prie en eux...

Partout où se célèbre un culte, Pensouillard est là, infestant les églises, les mosquées, les synagogues et les stades. C'est pourtant sa roulette qui psalmodie : « couiiiiiiii... couiiiiiiiii... couiiiiii... !!!! »

La prière véritable est silencieuse. Elle ne parle pas, n'a rien à demander, ne connaît pas les « je vous en prie, faites que... ». Elle se rend compte qu'elle a déjà tout, là, à portée de main : le parfum des lilas, le goût des oranges, le rire des enfants. Parfois, au bout d'un long et profond silence, elle clame : « Ainsi soit-il ! »

La prière véritable n'enregistre pas les insultes ou les moqueries. Elle ne leur laisse pas le temps de s'installer dans la mémoire. Elle les attrape à leur premier saut et les fait se dissoudre dans un regard compatissant.

La prière véritable observe comment un seul mot ou une seule image suffit pour déclencher une tempête biologique, avec pétarade cardiaque et douleurs générales, et comment une observation intense et pénétrante de cette tempête permet de la calmer.

La prière véritable définit l'intelligence par la capacité qu'a le cerveau à s'observer lui-même et à percevoir, dès qu'elle surgit, une pensée imbibée de haine, puis à la traquer dans ses incarnations physiques avant qu'elle n'engendre une engueulade ou une gifle.

La prière véritable découvre à quel point c'est l'agitation mentale – la course de Pensouillard dans les neurones – qui juge, sépare et divise ; sans cette course aliénante, tout demeure relié.

La prière véritable conduit à l'immobilité parfaite de Pensouillard. Ne reste alors à l'esprit que la pleine conscience et, de temps à autre, la pensée sans ego – la seule intelligente – qui dit : « Je est un autre. »

La prière véritable comprend que la croissance personnelle est un long processus, jamais terminé, qui ne conduit à rien, alors que la décroissance personnelle est instantanée et conduit à la vie.

La prière véritable sait que l'identification ne mène nulle part, et qu'une cravate, un hijab ou un gadget n'amène pas la tranquillité d'esprit.

La prière véritable réalise que les humains peuvent se rendre utiles sans y chercher une source de croissance personnelle. Le sentiment d'utilité constitue d'ailleurs un des moyens les plus efficaces pour l'esprit humain de comprendre le véritable sens du mot liberté : la cage ouverte et Pensouillard envolé ! Pfff... René descartes, le philosophe, avait en partie compris cette vérité. Constatant la fonction libératrice du sentiment d'utilité, il a dit ceci : « C'est proprement ne valoir rien que de n'être utile à personne[1] ! » Il donnait encore trop de poids et d'importance à Pensouillard, car en écrivant « C'est proprement ne valoir rien », il montrait à quel point il restait coincé dans l'importance de valoir quelque chose. Le sentiment d'utilité ne donne aucune valeur à Pensouillard. Il sert de pont, c'est tout. Il relie les esprits aux étoiles. De cette façon, il permet à la bête de sortir de la cage !

Renforcer le petit moi ou lâcher le petit moi, voilà le choix le plus grave de toute l'histoire de l'humanité. Et le plus urgent ! Certains moines l'ont compris et leur silence en est la preuve. En fait, je dirais plutôt que ce n'est pas leur silence, mais bien le silence, là, dans leur tête, qui est la plus achevée de toutes les prières.

PAUSE-CONSCIENCE

DIEU SERAIT-IL UN HAMSTER ?

> « *C'est seulement quand je ne sais pas ce qu'est Dieu qu'il y a Dieu.* »
>
> JIDDU KRISHNAMURTI

Je ne prendrai pas position à propos de l'existence de Dieu. Je veux simplement regarder avec vous ce que le petit moi en a fait.

Peu importe que Dieu existe ou non, une chose est certaine : Pensouillard s'est créé un Dieu juste pour lui.

Il a créé Dieu pour qu'il le protège des volcans, de la sécheresse, des inondations, du tonnerre, de la peste, du choléra, de la rage, du

1. Cité dans *Le Petit Robert*, édition 1989, dans la définition du mot *utile*.

rhume, de la misère, de la pauvreté, de la guerre, de l'ennui, des indigestions, de l'insomnie, des allergies, des échecs, de la faillite, de la faim, de la soif, de la musique satanique, des divorcés, des prostituées, des homosexuels, des hétérosexuels, des bisexuels, des trisexuels, des polysexuels, des fous, des déséquilibrés, des pauvres d'esprit, des croyants, des athées, des Noirs, des Blancs, de tous les autres, des quadrillés, des tachetés, des tatoués, des percés, des frisés, des tuberculeux, des aveugles, des sourds, des bègues, des muets, des femmes, des hommes, des rats, des hamsters, des serpents, des démons, du diable, de l'enfer, des autres et de moi-même... et de la mort !

Comme avec tout le reste, Pensouillard a fait de Dieu une possession et une source d'identification : *son* Dieu, d'où le « Oh, mon Dieu ! » Il a inventé un syllogisme d'un nouveau genre : « Je suis ce que je possède (mon Dieu), or toute menace à ce que je possède constitue une menace à ce que je suis, par conséquent, ce qui menace mon Dieu me menace moi aussi... et je n'hésiterai pas à me faire exploser pour exterminer tous les incultes qui n'ont pas les mêmes croyances que moi ! »

Certains croient que Dieu existait avant le big-bang et qu'un jour, par amour, il a créé l'humain à son image. J'aimerais quand même comprendre une chose : si Dieu a créé l'homme (et son esprit) à son image, pourquoi diable y a-t-il mis un hamster ? Serait-ce la preuve que dans la tête de Dieu (s'il a une tête) court un hamster divin ?

Je sais que les humains l'adorent. En fait, ce ne sont pas les humains qui l'adorent, mais Pensouillard, confortablement installé dans les têtes, qui adore cet être tout-puissant. Dieu s'occupe personnellement de tous les besoins du petit moi. Pour le remercier, le petit moi lui compose des chansons, lui offre des fleurs et transporte sur lui quelque chose qui le représente (il embrasse même ce petit quelque chose quand il a besoin d'inspiration, de confiance ou de force). Il lui a construit des temples d'où il l'appelle chaque dimanche et où il bouffe avec d'autres « petits moi » tout en parlant de lui. Il l'adore, je vous le dis !

Dieu, un hamster ? Vous croyez que je plaisante ?

Avez-vous constaté à quel point il est étrange que Dieu ait besoin d'être défendu, remercié, adulé, célébré, vénéré, reconnu ? Vous ne trouvez pas bizarre cette ressemblance avec le petit moi ? Et avec son besoin de croissance personnelle ?

Personnellement, je vous avoue que je suis renversé par cette parenté. C'est fou comme Dieu ressemble au petit moi !

Ce Dieu, Pensouillard peut en faire ce qu'il veut ! Lui donner autant de noms (Yahvé, Allah, Vishnou, etc.) que de fidèles. Lui faire dire ce qu'il veut bien, ce qui est commode...

Pensez-y : qui est-il, ce hamster, pour parler de Dieu au monde entier ? Qui est-il pour se proclamer son représentant sur terre, en faire la promotion et le vendre ? Un hamster qui représente Dieu, vous imaginez ? Dieu, s'il existe, ne peut être ni inventé, ni vendu, ni représenté. Dieu, s'il existe, ne s'invente pas !

Pour clore le débat sur la question de l'existence de Dieu, je m'autorise une affirmation gratuite. Si Dieu existe, s'il existe vraiment, c'est quand Pensouillard n'est plus là pour y croire ! Prenez une pause pour réfléchir à cette affirmation gratuite, et peut-être que Dieu, pour la toute première fois, apparaîtra vraiment dans votre vie... Je dis ça comme ça.

Chapitre 9

Décroître et éloigner les mangeurs de poux

« *Bien entendu, pour que vous ayez raison, quelqu'un doit avoir tort. L'ego adore donc donner tort, puisque cela lui donne le droit d'avoir raison. Autrement dit, vous devez donner tort aux autres pour acquérir un sens plus fort d'identité.* »

ECKHART TOLLE

D'après vous, quel est le chaînon manquant dans l'évolution de l'homme ? Le pou, cher lecteur. Le pou ! Si autrefois c'était le babouin qui repérait des poux chez les autres et les mangeait, aujourd'hui, c'est le gros ego.

Bien sûr, la recherche des poux a grandement évolué à l'ère de la modernité et elle est aujourd'hui beaucoup plus subtile. Épouiller consiste désormais à découvrir chez l'autre les faiblesses et les carences qui permettront de le regarder de haut. Cela consiste aussi à trouver, avec le même appétit, les erreurs que commet son semblable, les bourdes grâce auxquelles on peut l'humilier, l'enlaidir, le diminuer et, par le fait même, se grandir ! Ça demeure une manière préreptilienne de se protéger, car plus le petit moi a l'impression d'être gros, plus il a le sentiment de faire peur ! Et plus il a le sentiment de faire peur, moins il se sent menacé. Donc, pour avoir moins peur, il suffit de se faire gros ! Comme la recherche des poux chez l'autre le fait grossir, cette activité constitue désormais un tremplin vers la croissance personnelle.

Trouver des poux excite Pensouillard. Il aime bien être le premier à pouvoir parler des défauts qu'il a décelés chez son voisin. Vous me voyez venir, non ? Ça lui procure l'attention dont il a besoin pour sortir de l'ennui, car on s'ennuie beaucoup quand le temps est entièrement consacré à courir dans une roue. Or, cette habitude de manger des poux, bien que délectable pour Pensouillard, n'en est pas moins indigeste à la longue.

Alors, comment s'en défaire ? En cessant de se comporter comme un babouin. En passant du cerveau primitif à l'intelligence, même si Pensouillard semble parfaitement à l'aise avec les comportements du grand singe.

Comme je vous le répète depuis un moment maintenant, être intelligent revient à amorcer la décroissance personnelle, à l'instant même où le petit moi pète les plombs. C'est très difficile, car le petit moi ne veut rien savoir. Il veut se distinguer, gagner, montrer qu'il existe, être reconnu, qu'on s'occupe de lui.

Il veut être le meilleur, l'unique, le plus brillant, le plus aimable, le plus savant, le plus beau, le plus fort, le plus habile, le plus rapide, le plus riche, le plus sage, le plus humble, celui qui mérite le plus d'être aimé... JAMAIS IL NE VOUDRA DÉCROÎTRE ! C'est contraire à sa nature.

Voilà pourquoi nous parlons tellement de croissance personnelle de nos jours. **Nous vivons dans un monde malade du petit moi**. Mais ne lui demandez pas (au petit moi) de s'en rendre compte, il en est incapable. Seule l'activité mentale-conscience est capable de révéler la chose ; c'est l'intelligence à l'œuvre dans un esprit affranchi de son ego.

Car il n'y a aucune forme d'intelligence dans l'ego, pas la moindre parcelle. L'intelligence loge dans la capacité d'être présent, attentif, relié ; d'être le véhicule de la vie. Elle est à la fois le déclencheur et l'aboutissement de la décroissance personnelle. C'est elle qui, au restaurant, dit « Tiens, Pensouillard fait son cirque » lorsque l'activité mentale-ego juge la serveuse trop lente ; c'est elle aussi qui amorce la décroissance ; c'est encore elle qui, après la décroissance, est disponible pour reconnaître les efforts de la serveuse pour bien faire son travail.

Au Népal, les moines appellent cela la méditation dans l'action. Ils disent que lorsqu'on est dans un endroit tranquille – sur le bord d'un lac, en montagne ou dans une pièce silencieuse –, il peut devenir relativement facile d'observer les pirouettes de

Pensouillard, et c'est au moment où la bête s'emporte que la véritable méditation commence.

Même après des années de méditation à raison de vingt minutes par jour, la décroissance personnelle ne s'effectue pas automatiquement chaque fois que votre petit moi « pique une crise ». Oui, la prise de conscience – le déclic – se fait de plus en plus rapidement, mais elle n'est jamais acquise. Tout est à recommencer chaque fois que le petit moi panique. Jusqu'au jour où, à force de persévérance, la décroissance est instantanément mise à exécution par l'esprit. Ce jour-là, le petit moi n'a plus guère d'influence. Dès qu'il fait entendre sa plainte, l'intelligence se met en mode déclic et la paix s'impose.

Beaucoup répètent un mantra pendant vingt minutes chaque jour – « Om, Om, Om... » – jusqu'à ce que la litanie endorme Pensouillard et que le mantra soit seul en scène. Certains s'imaginent que c'est ce qui les rendra intelligents. Cette routine peut certainement calmer Pensouillard pendant un moment, mais ça ne sera jamais suffisant pour devenir intelligent. D'où la méditation dans l'action.

La méditation dans l'action

Elle commence quand votre conjoint vous annonce qu'il vous quitte pour une femme plus jeune que vous. Je veux dire... beaucoup plus jeune que vous. « Une bombasse ! » sont les premiers mots à sortir de la roue de votre hamster en furie, et ce n'est que le début d'une longue tirade. Vous pouvez alors vous asseoir en position du lotus et débiter votre mantra sur tous les tons – « Om, Am, Um... » –, il en faut pourtant plus que ça pour freiner le petit moi ! L'ouragan Pensouillard, force 5, balaie toute tentative d'apaisement sur son passage. « Le s*****, l'e***** ! Ommm... Ommm... Me faire ça à moi après tout ce que j'ai fait pour lui ! Ommm... Ommm... L'ordure ! Même pas le courage de me le dire plus tôt ! Ommm... Ommmm... Je ne suis plus assez belle pour lui ? Trop vieille ? Trop ridée ? Omm... Le lâche ! Il va comprendre sa douleur ! »

Vous pouvez inverser les rôles, le résultat est le même : vous êtes pris dans le tsunami des émotions. C'est à ce moment précis que doit commencer la véritable méditation. À cet instant précis ! C'est ça, la méditation dans l'action. Toute autre forme de méditation, si valable soit-elle, ne fait que préparer celle-ci.

Revenons à notre tsunami. Votre mari vient donc de vous annoncer qu'il vous quitte pour une jeune femme... ou votre épouse pour un bellâtre plus riche. Votre cœur n'est plus qu'une marmelade en déliquescence, de la confiture en ébullition !

Que faire ?

Asseyez-vous bien droit. C'est la base. Bien entendu, vous pouvez aussi rester debout si vous êtes incapable de vous asseoir, vous mettre à genoux, vous coucher à plat ventre et taper des poings sur le sol, vous faire couler un bain et vous mettre la tête sous l'eau pour tenter de noyer Pensouillard. Ce sont d'autres options ! Mais la position assise, le dos bien droit est celle qui se prête le mieux à ce qui suit. Je sais, c'est difficile. D'autant plus que la bête a mis le turbo et les mots sortent à pleins bouillons.

Néanmoins, placez maintenant votre attention sur votre respiration – qui doit être en train de pomper tout l'air absorbable à des kilomètres à la ronde ! Je sais que vous n'avez pas envie de faire ça, et même si ça fait des années que vous méditez, vous avez tout oublié ! Ommm... Omm... ! Ça ne donne rien ! Aucune paix de l'esprit possible. Juste l'envie de haïr ! La roue catapulte des tas de commentaires : « Comment a-t-il pu ? Comment peut-on être naïf à ce point ? Je m'en doutais... J'aurais dû m'écouter quand je disais qu'il avait son cerveau dans son caleçon. Comment ai-je pu l'aimer ? Et je l'aime encore ! JE L'AIME ! Il n'aurait qu'un mot à dire... »

La cage tourne à plein régime, les barreaux sont chauffés à blanc. Vous étouffez ! Vous avez beau vous concentrer sur le souffle, ça repart de plus belle : « Comment ai-je pu être aussi aveugle ? Naïve ? Idiote ? Qu'est-ce que j'ai bien pu faire ? »

PAUSE. Allons-y lentement maintenant. Calmons le hamster. Je concède pour la millième fois qu'il s'agit là d'une tâche difficile. Vous êtes complètement sous l'emprise de votre locataire à poil ras. Plus aucun neurone n'est disponible, tous sont bouffés par la trahison, l'affront, la tromperie. Vous vous répétez que vous vous êtes fait avoir, mais allez-y, immobilisez la roue quelques instants afin de libérer un ou deux neurones...

J'insiste, une seule chose peut calmer le hamster : l'attention. C'est la seule solution pour que le déclic s'effectue dans votre tête et que la décroissance personnelle s'amorce. Amenez votre attention sur les sensations qu'éprouve votre corps, l'oppression, les palpitations, les crispations, les contractions. Découvrez où loge la souffrance. Se cache-t-elle dans la poitrine ? Le ventre ? Quelle forme prend-elle ? S'agit-il d'un spasme ? Observez-la. Restez focalisé sur vos sensations. Ne vous attachez pas au passé. Pas de « Il est pareil comme mon père, ce taré » ni de « Ma mère me l'avait bien dit » ou autre parasitage du genre. La difficulté est toujours là. Pensouillard revient, recommence, il se débat. Mais notez comme Pensouillard devient mou, engourdi lorsque toute la conscience n'est occupée que par les sensations corporelles, et quand Pensouillard est engourdi, la souffrance s'atténue.

Comprenez la peur qu'a votre hamster de disparaître. Il se compare. « Qu'est-ce qu'elle peut bien avoir que je n'ai pas, cette gonzesse, à part la jeunesse ? Elle ne fait pas la cuisine aussi bien que moi, c'est impossible ! Elle ne supportera sûrement pas qu'il regarde son foot tous les soirs. Et les caleçons de Monsieur, qui va les lui laver ? Certainement pas une petite m******* de cet âge-là ! Les garces décérébrées comme elle ne torchent pas les vieux ploucs comme lui. » Et blablala, et blablabla...

C'est tout le travail d'identification, tous ces rôles savamment mis en place au cours des années qui vacille : « Ma cuisine, mon lavage, mon ménage, personne d'autre ne fait ça comme moi ! Je suis unique, car il n'y a que moi pour accepter de le supporter. » Votre hamster si spécial a peur de mourir ! Il n'est plus reconnu pour tout ce qu'il a été, pour tout ce qu'il a fait. C'est comme s'il n'avait pas eu d'existence ou qu'il n'en avait plus.

Il est alors mûr pour tomber dans le piège de la croissance personnelle. « Je vais désormais m'occuper de moi ! Je vais devenir tellement intéressante qu'il va le regretter jusqu'à la fin de ses jours ! Je ne perdrai plus mon temps à penser à lui. Je vais enfin pouvoir devenir qui j'ai toujours voulu être. De toute façon, elle va en baver, sa grognasse ! Elle ne pourra jamais lui donner ce que moi seule pouvais lui donner. » Et blablabla, et blablabla... Des pensouillardises à n'en plus finir.

L'esprit pensouille beaucoup, mais pense peu ! La pensée mène à l'action ; la pensouillardise ne conduit nulle part. Elle tourne sur elle-même et provoque la souffrance. La pensée relève de l'intelligence, la pensouillardise résulte du babillage neuronal. La pensée sert la conscience, la pensouillardise sert l'ego. La pensouillardise n'est qu'un petit événement mental, éphémère. Du courant dans des fils électriques. Et Pensouillard l'alimente, inlassablement : « Je n'étais rien pour lui ! Rien... rien... rien... rien... » Et c'est ce mot, *rien,* qui fait mal chaque fois.

Quand il n'y a que la pleine conscience – ce que permet la méditation dans l'action –, votre ego n'est plus dans l'urgence d'être aimé. Quant à Pensouillard, il cesse de faire n'importe quoi, comme se prostituer, mentir ou se faire exploser dans un autobus, pour acquérir de la valeur à ses propres yeux (ou aux yeux des autres, ce qui revient au même). Pensouillard n'a plus besoin d'avoir quelque valeur que ce soit, car il ne court plus ! Ne reste que la vie... au service de la vie.

PAUSE-CONSCIENCE

LA THÉRAPIE

> « *En Occident, nous concevons la magie comme l'art de créer des illusions. Pour les Tibétains, détruire les illusions est la forme la plus élevée de magie*[1]. »

L'étape déterminante dans l'histoire de l'humanité n'est pas celle où un humain a posé le pied en Amérique ou sur la Lune, mais bien celle où Pensouillard a pris possession de l'esprit humain. Une étape cruciale dans l'avènement de la souffrance psychique contemporaine et un risque réel que la vie disparaisse à jamais de cette planète !

Pour soulager cette souffrance, les humains ont inventé la thérapie. Il s'agit d'une des formes les plus raffinées de l'évolution. Une manière intelligente de faire en sorte qu'on puisse vivre ensemble le mieux possible. Pourtant, plusieurs thérapies ne soulagent en rien la souffrance.

1. Traduction libre tirée du documentaire de Richard Kohn « Destroyer of illusion, The Secret World of a Tibetan Lama ».

Pourquoi ? Je vous le donne en mille : parce qu'elles se concentrent sur la croissance du petit moi plutôt que sur sa décroissance !

Pendant mon cours de médecine, nous avons sommairement étudié les travaux de Freud. Ce médecin neurologue, fort connu, est indéniablement un des pères de la thérapie, et si ce n'était que pour ça, merci monsieur Freud ! Sincèrement.

Il a passé une bonne partie de sa vie à explorer le petit moi, mais il ne s'est jamais rendu compte qu'il s'agissait d'un hamster. Bon, on le lui pardonne, car il a quand même mis en évidence la très forte tendance du petit moi à se défendre, c'est-à-dire à protéger son intégrité à l'aide de mécanismes de défense inconscients, comme la rationalisation ou le déni. Ainsi, il a vu qu'en rationalisant avec des « C'est à cause de... » ou en faisant du déni avec des « Non, ce n'est pas moi qui... », l'activité mentale-ego tentait d'entretenir une image parfaite d'elle-même dans l'espace neuropsychique où elle se déroulait. Après tout, on pourrait la condamner (c'est ce que font les juges), et quand on est condamné, on risque de disparaître (en étant mis hors d'état de nuire !). Freud a également découvert que si le petit moi vivait constamment sur la défensive, c'était à cause du passé. Par exemple, si à l'âge de cinq ans, après avoir récité un poème, un petit cerveau a entendu « Tu es bon, tu ne t'es pas trompé ! », il a pu enregistrer qu'il ne fallait désormais plus qu'il se trompe pour être considéré comme bon et être applaudi (par conséquent, aimé et protégé). Ainsi, dans des circonstances tout à fait anodines, ce petit cerveau a pu développer la croyance qu'il lui fallait entretenir une image parfaite dans la tête des autres pour assurer sa survie. Pensouillard est alors devenu le gardien de sa propre image. Un hamster de garde !

Si, par ailleurs, dans des circonstances beaucoup plus pénibles, les neurones ont enregistré des coups de poing ou des agressions sexuelles, le petit cerveau a pu tout faire pour éviter que les sévices se répètent. C'est normal. Toutes les formes dans lesquelles circule la vie essaient d'échapper à la souffrance. La mémoire, entre autres choses, sert à ça : ramener le plaisir, éloigner la souffrance. Là où il y a problème (je l'ai déjà dit, mais c'est tellement important que j'insiste là-dessus), c'est lorsque l'activité mentale-ego repasse constamment dans la tête le film du coup de poing ou de l'agression sexuelle et qu'elle tombe dans le piège du processus d'identification. Autrement dit, le traumatisme devient un traumatisé, la blessure se transforme en petit moi.

À propos, rappelons une nouvelle fois ce qu'est le petit moi : des enregistrements qui se prennent pour un organisme vivant ! À ce sujet, Freud s'est trompé, même si ce n'est pas sa faute. En passant sa vie à écouter des enregistrements (les discours de ses patients), il s'est fait prendre au piège ! Il a fini par croire – et confirmer par écrit – que le petit moi était un organisme vivant. À force de témoignages, de blessures cachées et de traumatismes variés – négligence, abandon, viol, etc. –, il en a conclu, avec raison, que tous ces souvenirs empêchaient l'esprit de leur propriétaire de vivre dans la plénitude. Cependant, il n'a pas vu – me semble-t-il – que ces mêmes esprits étaient capables, en quelques instants, de se débrancher de leurs souvenirs ; non parce que les enregistrements s'effaçaient (ils sont indélébiles), mais parce que le cerveau dans lequel ils étaient rangés pouvait se connecter à une autre forme d'activité mentale et entrer dans la conscience du vivant ; l'esprit était naturellement doté de cette intelligence qui provoque la décroissance personnelle.

Freud n'a pas vu que, si Pensouillard arrêtait de courir, toute la place qu'il occupe en temps normal redevient disponible, reconnectée ! L'activité des radars et des antennes n'est plus interrompue par la course du hamster. La conscience est alors branchée sur tout ce qui vit.

Toutefois, si la conscience redevient la proie de la peur, elle est aussi capable d'observer cette même peur, d'en repérer les manifestations physiques aussi bien que les pensouillures qui l'entretiennent. Elle peut ainsi amorcer la décroissance personnelle et redevenir apte à recevoir et à donner.

La thérapie prend alors un tout autre sens. Au lieu de travailler pendant des années à renforcer le petit moi pour qu'il n'ait plus besoin de se défendre (inconsciemment), l'esprit apprend la décroissance. Lorsqu'il y met l'énergie nécessaire, il peut le refaire n'importe quand, dès que Pensouillard se pointe le bout du museau. Fini la course sur place, fini le pédalage dans le vide, et en route vers une plus large part de soi-même.

Mais il arrive que les hochements de tête d'un thérapeute soient la seule forme d'attention que Pensouillard reçoive. Le danger, avec cette forme d'écoute, est son pouvoir d'engraissement ! Beaucoup de thérapeutes font croître Pensouillard, semaine après semaine, juste avec quelques « Hum ! Han, han ! » délivrés avec parcimonie. Ces onomatopées font rapidement prendre du poids à la petite bête ! C'est comme s'ils lui donnaient tout à coup l'importance qu'elle n'a jamais eue. Elle est brossée dans le sens du poil et sa roue tourne avec allégresse ! Elle peut alors se mettre à gonfler très vite, comme une montgolfière, et s'envoler là où l'esprit ne touche plus terre. Or, ça ne soulage en rien sa souffrance. Au contraire, même si Pensouillard n'a plus les yeux en face des trous, sa souffrance revient inlassablement dans le sillage de sa roue.

La véritable liberté n'est ni politique, ni économique, ni religieuse ; la véritable liberté est neuronale ! Elle réside dans le silence à l'intérieur de votre esprit ; là où l'on retrouve une capacité d'écoute dénuée de toute attente et de toute illusion ; une capacité d'écoute qui ne dit jamais « Je t'aime d'un amour inconditionnel », car affirmer cela est une aberration. Comment l'amour pourrait-il être conditionnel ? L'amour qui impose des conditions ou qui refuse qu'on lui en impose n'est déjà plus de l'amour. Il porte une ventouse prête à se fixer sur une peau et à y sucer la vie, sans retenue, pour une existence entière parfois ! L'amour qui ne serait pas inconditionnel est un pou ! Et celui qui se lance en thérapie pour trouver l'amour – ou parce qu'il ne l'a jamais connu – ne pourra le rencontrer qu'à la condition de vivre la décroissance de son petit moi.

Parfois, c'est un ami qui se substitue au thérapeute. Avec son silence et son écoute, quelques mots ici et là, il aide Pensouillard à sortir de la cage. Une libération inconditionnelle !

Un ami est un parfait agent de libération inconditionnelle. Il ne flatte pas le petit moi ni ne l'encourage à courir plus vite. Il est là, dans une présence où son propre ego n'essaie pas de montrer qu'il sait ce qu'il faut faire. Il montre tout simplement qu'il voit la souffrance, qu'il la sent et l'entend. Jamais il ne la nie ; il l'accueille. S'il est vraiment présent, peut-être pourra-t-il, par un geste ou un mot, montrer qu'il existe autre chose que cette maudite roue à laquelle on a tellement donné d'importance, autre chose que ce petit moi qu'on a tant valorisé, siècle après siècle, et que cette autre chose est une simple présence, ordinaire, banale, à la vie sous toutes ses formes. Quand cette présence surgit, plus aucune thérapie n'est nécessaire.

Chapitre 10

Utiliser ses sens pour décroître

> « *Comme nous n'arrêtons pas de nous parler à nous-même, rien ne nous parle.* »
>
> PEMA CHÖDRÖN

En cas de crise, la décroissance personnelle peut s'effectuer de manière très agréable, pourvu qu'il y ait une connexion fluide entre l'esprit et ce que perçoivent les sens. Pas de Pensouillard qui embrouille la réception en rongeant les fils.

Voici donc quelques exercices pour vous permettre de décroître dans le plaisir ; il s'agit, à tout moment, de découvrir où est situé le centre de votre attention. De petites questions, toutes simples, peuvent vous aider : « Où est mon attention présentement ? Est-elle absorbée par le spectacle que m'offre la vie ou est-elle accaparée par Pensouillard ? Est-elle au service de mon gros ego ou est-elle sur ce que mes sens perçoivent ? »

Les yeux

Comment vos yeux regardent-ils un visage ? Est-ce que Pensouillard s'inquiète de l'effondrement de la Bourse et de la valeur de vos PEL pendant qu'une personne vous sourit et vous parle ? Est-ce qu'il émet des pensouillures du genre : « C'est la catastrophe ! Le CAC 40 a chuté de 15 %, la pire dégringolade depuis vingt ans. Je suis ruiné ! Je devais prendre ma retraite dans un an. Au rythme où ça va, ce sera six pieds sous terre à faire du bénévolat pour les asticots ! » Avez-vous déjà constaté qu'au moment où Pensouillard produit ces âneries, vos yeux deviennent inutiles ? C'est la cécité totale. Il ne reste plus le moindre espace dans votre esprit pour la beauté de ce visage qui vous regarde. Le hamster squatte toute la boutique.

Pouvez-vous regarder un visage sans le commenter ? Sans même dire que vous le trouvez magnifique avec ses yeux noirs comme des charbons ardents ? Faites-le immédiatement. S'il n'y a pas de visage près de vous, choisissez un objet, n'importe lequel (horloge, bulle de savon, dé à coudre...). Placez toute votre attention sur la forme, les lignes, les courbes, sans tirer le moindre commentaire. Si Pensouillard se pointe, prenez-en conscience sur-le-champ ! Regardez les mots éclabousser les parois de votre esprit. Réalisez alors que vous n'êtes plus avec le visage (ou l'horloge, ou la bulle de savon, ou le dé à coudre), mais avec votre hamster.

Ramenez alors votre attention sur le visage ou l'objet que vous avez choisi. Regardez-le avec toute votre conscience. Les yeux, le nez, la bouche... jusqu'à ce qu'il ne reste plus que ça dans votre esprit. Aucun mot ! Seulement les couleurs, le jeu de la lumière... Rien d'autre, pas de remarques, pas de jugements. Le visage entouré de silence au beau milieu de votre tête... L'horloge ou le dé à coudre sur les écrans de votre mental ; et uniquement des gros plans, sans bande sonore. Appréciez le bien-être qui vous habite !

Les oreilles

Comment vos oreilles entendent-elles la voix d'une personne aimée ? L'entendent-elles vraiment ? Vous est-il déjà arrivé d'avoir seulement la voix de l'autre – ses nuances, son ton, sa musicalité – qui remplit toute votre tête ? Juste ça, et surtout pas la vôtre qui noie, par le biais de ses haut-parleurs internes, ce qui vous est confié.

Avez-vous déjà accueilli une insulte ou une critique sans que Pensouillard sorte griffes et dents ? Un commentaire du genre « T'es grosse ! » ou encore « Ton travail est nul ! Même une moule trépanée ferait mieux ! » Avez-vous déjà entendu de tels propos sans que le hamster, tremblotant, devienne totalement hystérique ? Êtes-vous capable d'essuyer une attaque sans que votre petit moi se jette sur les barreaux de votre cage intracrânienne ? Si je vous dis, par exemple, que vous êtes vraiment gros(se), et que vous êtes la seule personne à ne pas s'en rendre compte, pouvez-vous suivre attentivement le cheminement de ces mots dans votre esprit ? Les observer dès que la roue commence à les bringuebaler ? « Gros... Grosse... Gros... Grosse... ! » Les entourer de votre conscience avant qu'ils s'impriment durablement ? Je suis sûr que vous pouvez le faire !

L'activité mentale-conscience peut accueillir une insulte pour ce qu'elle est, c'est-à-dire des crottes de hamster, et dire « Tiens, tiens, l'insulte est entrée là... Elle vient juste de pénétrer et, comme une flèche empoisonnée, a commencé à y répandre son venin ». Mais cette fois, elle est cernée par votre conscience. Les mots flottent sans se fixer vraiment et Pensouillard n'arrive pas à embrayer sa roue... Les mots ne reviennent pas inlassablement comme ils le font d'habitude : « T'es gros... grosse... ! », « Gros nul... ! », « T'es moche... ! » Comme c'est curieux, l'insulte ne s'imprime pas ! Elle s'évanouit, tout doucement, et cesse bientôt de circuler dans les circuits neuronaux. Et le petit moi n'est plus là pour lui prêter existence.

En passant, ce que vous venez de lire s'applique également aux louanges. Pensouillard adore les louanges ! Elles sont un énergisant pour le petit moi. Pensouillard peut facilement en devenir dépendant et souffrir de leur absence... Pouvez-vous prendre conscience du mouvement des louanges dans votre tête ? Ne pas vous attacher aux sensations qu'elles déclenchent ? Pouvez-vous devenir alerte quand vous entendez « Vous êtes la personne la plus intelligente que j'aie rencontrée ! » ? Dites-vous tout doucement : « Ok, ces louanges, combien de temps Pensouillard va-t-il les faire reluire, comme des objets précieux ? Elles n'ont pas plus de substance que les insultes. Elles ne sont désormais que des pensouillures circulant dans le circuit cérébral. »

L'odorat

Dois-je absolument vous parler de votre pif et de ce qu'il peut vous permettre de comprendre dès maintenant ? Est-il vraiment nécessaire que j'oriente votre activité mentale-conscience vers le bouquet d'un vin plutôt que de laisser votre petit moi rivaliser de savoir avec les Pensouillard qui l'entourent ?

Le goût

Avez-vous déjà constaté à quel point Pensouillard ne s'arrête jamais pendant que vous mangez ? Il active sa roue au beau milieu de votre plat favori avec des trucs comme : « Ah ! j'ai oublié d'appeler ma mère pour son anniversaire hier, mince, elle va encore me faire la gueule ! » Placez plutôt votre attention sur ce qui stimule vos papilles et prenez conscience de ce que veut dire *être présent*.

Le toucher

Savez-vous ce que signifie caresser ? Savez-vous qu'une caresse véritable est complètement détachée des soubresauts d'un hamster ? Seul un esprit affranchi du besoin d'être aimé (ou reconnu) peut donner tout son pouvoir à une caresse, celui d'établir un vrai contact entre deux consciences. Êtes-vous véritablement dans la pulpe de vos doigts quand ils serrent un enfant contre votre poitrine ? Habitez-vous vraiment vos mains quand elles le bercent alors que ses dents tentent de se frayer un chemin douloureux dans ses gencives ? Êtes-vous vraiment dans vos bras quand ils serrent ce vieillard qui vous a donné la vie ?

Êtes-vous vraiment présent ?

Chapitre 11

Ego or not ego ?

> « *Ce ne sont pas les grandes tragédies qui conduisent un être humain à l'asile, ce n'est pas la mort de ses amours, c'est un lacet de bottine qui se rompt lorsque le temps manque.* »
>
> CHARLES BUKOWSKI

Nous allons, à ce stade-ci, faire un exercice de révision qui consiste à distinguer activité mentale-conscience et gros ego ; pensouillures et pensées sans ego.

Nous nous servirons d'exemples tirés du quotidien. Il faut dire que le quotidien ennuie royalement Pensouillard, car il n'y trouve aucune matière à briller, aucune occasion de montrer à quel point sa course est spéciale. Pas de médaille, pas de trophée, pas de bourse. Rien de vraiment remarquable sinon ces milliers de gestes qui animent, par exemple, la vie d'un médecin ou d'une infirmière : changer la couche d'une personne incontinente, instruire un déficient intellectuel, maîtriser un patient violent, laver la bouche d'un mourant, etc. Si Pensouillard aime se vautrer dans le mépris en évoquant ces gestes-là (« Quel métier pourri je fais ! »), l'activité mentale-conscience sait en revanche que le bonheur s'y trouve. Distinguons donc le gros ego qui embête tout le monde, à commencer par lui-même, et l'activité mentale-conscience – où circule la pensée dépourvue d'ego – qui ne demande rien à personne. Sans vous en rendre compte, vous nourrissez déjà au quotidien des tas de pensées dépourvues d'ego.

- C'est la pensée sans ego qui fait prendre de l'aspirine aux humains quand Pensouillard leur donne mal à la tête (la rotation d'une roue peut irriter certains neurones et provoquer des décharges assommantes). C'est elle, également, qui laisse un petit mot sur la table pour rappeler d'aller acheter du pain et griffonner en passant un « Je vous aime, les enfants ! » Mais, quand tout le monde est parti et que la maison est vide, c'est le gros ego qui crie : « Il n'y a personne ici pour me dire bonjour ? » Pensouillure !
- Le gros ego court toute la journée. Il cavale parce qu'un rythme plus lent ne lui permettrait jamais – lui, si important – de faire tout ce qu'il a à faire. Quant à l'activité mentale-conscience, elle regarde les hommes courir et dit : « Mais pourquoi ? »
- C'est l'activité mentale-conscience qui évite aux bouchons de finir en carambolage ; c'est elle qui incite à ne pas dresser le majeur pour montrer sa supériorité. Mais c'est le gros ego qui le brandit et hurle à son voisin : « Espèce d'abruti ! »

Une petite pensouillure, comme ça, en passant, pour s'aider à vivre ensemble.

- C'est l'activité mentale-conscience qui décide s'il faut manger avec un biberon, une petite cuillère, une paille ou une seringue : « Allez, Madame Ève, encore une petite bouchée ! » C'est encore elle qui se soucie de la santé d'autrui et s'appuie sur des connaissances scientifiques pour dire « Pas trop de sucre, pas trop de sel ! » Pour sa part, le gros ego interdit la bouffe en fonction des croyances qu'il a inventées. « Pas de cochon ou de vache ! Rien de sacré, j'ai dit ! » Oui, même une tête de cochon peut devenir sacrée quand Pensouillard s'y met !
- C'est l'activité mentale-conscience qui dit aux gens de cesser de s'empiffrer quand ils n'ont plus faim, mais c'est le gros ego qui déprime après sa troisième assiette : « Je suis indiscipliné, je n'ai aucune force de caractère, je suis nul ! » Et parce qu'il déprime, il se sert une autre assiette. Et son thérapeute lui dit qu'il mange ses émotions. Et Pensouillard de courir : « Je n'ai qu'une vie, bon ! Demain, j'arrête. Ou après-demain. Ou... Ou... Hou... Hou ! Hou ! Ouin ! Ouin !... » En attendant, pour remplir ses quatre assiettes, le gros ego vide les océans. Sachez-le, il le fait en se convainquant, dur comme fer, que ces grandes mares salées sont bien assez grandes pour se repeupler toutes seules ! Il se dit, comme ça, sans rire, qu'il doit certainement rester un poisson quelque part pour tout recommencer, un poisson assez débrouillard pour trouver une façon de relancer la machine.

- C'est l'activité mentale-conscience qui sort les ordures en chantant, mais c'est le gros ego qui rouspète : « Comment se fait-il que c'est toujours moi qui sors les ordures ? »
- C'est l'activité mentale-conscience qui nettoie une cuvette ou un plancher en toute sérénité, fait des confitures ou de la soupe avec plaisir, embrasse avec amour un genou plein de sable et de sang, retire avec une précaution infinie une écharde enfoncée dans un pouce, reprise méticuleusement des chaussettes... Et si, pour témoigner de tout ça, la télévision proposait une émission intitulée « Personne n'en parle », elle commettrait une erreur, car c'est le gros ego qui s'y pavanerait !
- C'est l'activité mentale-conscience qui donne anonymement une grosse somme à une fondation pour lutter contre le cancer, mais c'est le gros ego qui tient le grand chèque cartonné entre ses mains, sous les yeux des caméras et dans les pages des journaux !
- C'est l'activité mentale-conscience qui aide à se priver d'un autre whisky avant de prendre le volant et c'est encore elle qui empêche la gifle de valser après le cinquième verre, mais c'est le gros ego qui se raconte des histoires pour oublier quelle énième bouteille il est en train de siffler...

Fin de l'exercice. À refaire plusieurs fois par jour !

Chapitre 12

Être ce qui ne vieillit jamais

« *Il faut découvrir en nous ce qui ne vieillit jamais.* »

MARIE DE HENNEZEL

Quand je demande aux personnes que je vois en consultation ce qu'elles veulent, j'entends souvent : « Je veux devenir qui je suis, c'est-à-dire moi-même ! » Malheureusement, la plupart du temps, c'est l'ego qui parle. Le petit moi qui veut devenir un grand moi, unique, aimable, inattaquable. Or, le petit moi ne pourra jamais devenir lui-même, puisqu'il n'est qu'une illusion. Et une illusion, même si elle grossit, ne sera toujours qu'une illusion. Le petit moi est un obstacle qui empêche l'être humain de devenir ce qu'il est vraiment.

Alors, que sommes-nous vraiment ? La réponse est fort simple : nous sommes ce qui, en nous, ne vieillit jamais. La capacité d'aimer, de contempler, de savourer, de donner, de créer, d'apprendre, de transmettre… Une capacité qui n'a rien à voir avec toutes les idioties d'identification, qu'elles concernent un pays, une voiture, une opinion, une idée, une apparence ou une marque de sous-vêtements. Tout ce à quoi le petit moi s'identifie vieillit, meurt, se désagrège, disparaît. Tout ce qui a pu faire sécréter à l'activité mentale-ego ses hormones de bien-être – à seule fin d'entretenir l'illusion d'être unique – n'est que duperie, une terrible farce.

Aujourd'hui, dans la majorité des esprits, les roues vont dans la même direction. Si vous écoutez, vous les entendrez produire des sons identiques qui tournent autour de ceci : « Quand je ne me sens pas unique, je ne me sens pas bien ! » Si les hamsters courent, c'est pour cultiver la certitude qu'il n'y en a pas d'autres comme eux :

Y en a pas comme nous, y en a pas comme nous,
Si y en a, y en a pas, y en a guère,
Y en a pas comme nous, y en a pas comme nous,
Si y en a, y en a pas beaucoup !

Cette chanson entretient la conviction d'être unique au milieu d'une bande de nuls.

Un certain monsieur Maslow[1] – pour le travail duquel j'ai aussi de l'admiration – a un jour construit une pyramide pour repré-

1. Abraham Maslow (1908-1970), psychologue américain, particulièrement connu pour sa théorie de la motivation et sa pyramide des besoins,

senter les besoins des hommes. Il les a classés en cinq catégories. De la base au sommet, les voici : survie, sécurité, socialisation, estime, accomplissement. Chaque besoin ne peut être pris en compte que lorsque le besoin qui se trouve plus bas dans la pyramide a été satisfait. Cela signifie qu'un être humain ne peut s'affairer à combler le besoin d'estime de soi s'il est affamé. Tout en haut, à la pointe de la pyramide, Maslow a installé le besoin ultime à ses yeux : celui de la réalisation de soi.

Dans le monde de l'ego, cette pyramide tient debout, mais dans le monde de l'activité mentale-conscience, elle s'effondre. D'ailleurs, si cette dernière affirmation vous turlupine, vous n'avez qu'à vous demander ceci : quand une main délicate lave un vieillard incontinent, où il est, le gros ego, sur la pyramide ? Au sommet ? S'est-il réalisé ?... L'aspect ordinaire du geste peut-il permettre au petit moi de se distinguer ? De devenir le petit moi unique qu'il croit être ?

Maslow ne semble pas avoir vu, me semble-t-il, que si ce geste est issu de l'activité mentale-conscience, il fait disparaître tout besoin d'être quelqu'un, et toute la souffrance de ne pas l'avoir été ou de ne pas l'être. Le besoin de se réaliser n'a plus aucune raison d'être quand la décroissance personnelle s'est effectuée. Dans l'activité mentale-conscience, le besoin d'être soi n'a aucun sens.

Si Maslow avait compris que le soi (qui a besoin de se réaliser) est un hamster, il n'aurait peut-être jamais construit sa pyramide. Il aurait vu, en effet, qu'un esprit totalement habité par l'activité mentale-conscience ne cherche pas à grimper quoi que ce soit, puisqu'il est déjà complètement réalisé. Il aurait vu qu'il n'a besoin de rien.

Et au diable la pyramide !

Exercice

Pour aller plus loin, j'aimerais faire avec vous un exercice qui nous permettra de déterminer quand votre petit moi se sera enfin réalisé.

- Faudra-t-il qu'il soit plusieurs fois millionnaire ?
- Faudra-t-il que sa photo fasse la une des magazines ?
- Faudra-t-il qu'on le reconnaisse au supermarché du coin ?
- Faudra-t-il que son œuvre soit convoitée ? Qu'elle soit en tête des hit-parades ou dans une galerie de New York ?
- Faudra-t-il qu'il devienne calife à la place du calife ?
- Faudra-t-il qu'on se retourne sur son passage (Regardez-le ! Qu'il est beau dans sa roue !), qu'on le cite et lui demande un autographe ?
- Faudra-t-il qu'on lui donne une augmentation de salaire ?
- Faudra-t-il qu'on l'écoute chaque fois qu'il parle ?
- Faudra-t-il qu'on écrive sa biographie ?
- Qu'est-ce qui lui permettra d'affirmer, sans contestation, qu'il s'est enfin réalisé ? Posez-vous très sérieusement la question.

Quelle est votre réponse ? Voici la mienne : rien de tout ce qui précède !

La réussite procure un plaisir immédiat mais momentané (on parle de deux mois pour les médaillés olympiques), car la plénitude n'a rien à voir avec le succès.

La plénitude ne peut se vivre que dans l'attention absolue à ce qui est vivant, pas à ce qui est mort ! Les exploits, les réussites, les prix, tout cela est déjà terminé sitôt apparu. Ce n'est plus qu'un enregistrement sur le disque dur de votre mémoire. Les récompenses ne sont pas la vie, ce ne sont que des inventions du hamster ! Elles permettent à Pensouillard de se sentir unique mais ne seront jamais la vie qui circule dans l'intention d'aimer. Jamais !

La vie n'a pas besoin de se sentir unique, elle n'a pas besoin d'identité.

Chapitre 13

Faire un peu de ménage dans le moment présent

« *Deux choses sont infinies, l'Univers et la bêtise humaine. Mais en ce qui concerne l'Univers, je n'en ai pas encore acquis la certitude absolue.* »

ALBERT EINSTEIN

J'étais récemment dans la salle d'attente d'une clinique spécialisée en gastro-entérologie. J'attendais le spécialiste qui me traite depuis un an pour un problème à l'estomac. Le médecin se présente au bout de la pièce et appelle la personne suivante. Immédiatement, l'homme assis près de moi sort de ses gonds. « J'étais là avant lui ! C'est mon tour. Ça ne se passera pas comme ça. Je vais leur montrer, moi, comment on traite les patients. C'est cette femme-là, la réceptionniste, qui mélange tous les dossiers (vous pouvez ajouter ici toute une série de mots plus ou moins fleuris). »

Je regardais Pensouillard courir dans sa tête et me disais « Oh, là ! Pensouillard est monté dans sa Ferrari ! S'il accélère encore, il va devenir dangereux. Et pas le moindre soupçon de conscience pour ralentir la bête... » La réceptionniste s'est levée et lui a montré, collée sur la porte, la petite affiche « Aucune violence verbale ne sera tolérée ». Mon voisin s'est tu, mais on pouvait deviner Pensouillard continuant à ronger son frein. Ironiquement, si ce monsieur patientait dans cette salle, c'était à cause d'un problème digestif, ulcère ou cancer. Et en attendant d'être soigné, il aggravait son problème ! Où était son intelligence ?... Évincée par le petit moi qui s'affirmait haut et fort !

Avec un peu d'entraînement, ce monsieur aurait très bien pu décroître. Il aurait pu placer son attention sur sa réaction, passer de l'activité mentale-ego à l'activité mentale-conscience et en profiter pour discuter avec son voisin des méfaits du petit moi...

Attention ! Cela n'est pas une invitation à l'abnégation. L'abnégation n'est pas une porte d'entrée dans la décroissance personnelle. Elle pourrait même être, pour le petit moi, une autre façon de montrer à quel point il est spécial : « Je ne suis pas impatient, moi, je me calme. Je respire par le nez, moi, car je suis intelligent, spirituel, bien au-dessus de ces réactions de gorille. » Dans l'abnégation, la tête est encore pleine de mots ; dans la décroissance personnelle, elle est vide, ou presque. Seulement quelques pensées dépourvues d'ego, qui vous sont maintenant familières : « Oups ! le petit moi s'affole, vivement la décroissance ! » Ce n'est pas une disparition, c'est une apparition, celle de l'intelligence. C'est aussi ce qu'on appelle **entrer dans le moment présent**.

Arrêtons-nous d'ailleurs à l'expression « vivre le moment présent » pour y faire un peu de ménage. Il règne une grande confusion au sujet de ce qu'elle signifie. L'ego en fait ce qu'il veut : « Je m'applique à vivre le moment présent, alors s'il te plaît, cesse de m'emmerder ! Et puis ça m'aiderait si tu sortais les poubelles. » On ne comprend pas que vivre le moment présent, c'est aussi sortir les poubelles.

J'ai entendu des adolescents me dire qu'ils voulaient visiter l'Asie, sauter à l'élastique et faire l'amour à quatorze ans parce qu'il fallait vivre le moment présent. Curieusement, ils échouaient à l'école et leur petit moi prenait plaisir à affirmer qu'il n'avait pas de temps à perdre à écouter un prof minable et ennuyeux. Ils avaient visiblement confondu « vivre le moment présent » et « tout avoir, tout faire, tout, tout de suite ! » La modernité, qui s'affaire à séduire le petit moi des ados en lui offrant des identités de marques, ne lui explique surtout pas que vivre le moment présent, c'est avoir son attention totalement ouverte à chaque instant – écouter, regarder, sentir ce qui se passe en soi et à l'extérieur de soi – y compris quand le prof parle.

J'ai également entendu des personnes dans la cinquantaine faire la promotion du moment présent et, dans la même phrase, exprimer le sentiment d'avoir raté leur vie. Leur petit moi attribuait sa non-éclosion au hasard ou à un karma. Il estimait ne s'être trouvé ni au bon endroit ni au bon moment, et clamait sans vergogne que son potentiel aurait fleuri si les astres qui en étaient responsables avaient été alignés le jour de sa naissance ;

c'était la faute de Vénus ! Un peu de chance, et leur petit moi aurait pu vivre le moment présent.

Ce n'est pas le petit moi qui vit le moment présent ; Pensouillard n'est jamais dans le moment présent. Il est toujours dans le passé ou l'avenir, c'est là qu'il court. Seule l'activité mentale-conscience peut vivre le moment présent, pas l'activité mentale-ego. Malheureusement, l'activité mentale-conscience peut être contaminée par le petit moi et utiliser le moment présent pour commettre des horreurs.

Quand un toxicomane s'injecte son poison, par exemple, toute son attention est alors focalisée sur la quête d'une veine, sur l'aiguille qui la pénètre, jusqu'à ce que les neurones se transforment en un vaste champ de brume où Pensouillard ne court plus. Et sa roue peut même ralentir au point de se dissoudre en overdose. D'ailleurs, le suicide est une manière que choisit Pensouillard pour s'arrêter lui-même, stopper les souffrances que ses pensouillures engendrent. Une balle dans la tête est une affirmation très forte du petit moi : « Je ne suis pas fait pour vivre en ce monde, je suis trop différent. Personne ne peut répondre à mes besoins ou soulager la souffrance exceptionnelle que je vis. » Le petit moi ne voit plus d'autre façon d'installer le silence ou de recevoir de l'attention. Sa réflexion peut même aller jusqu'à : « Vous ne m'avez pas aimé comme je le méritais, je vais donc vous priver de ma présence. » La décroissance personnelle permet de prévenir certains suicides.

Un esprit peut également fusionner avec le moment présent dans le simple but de faire du mal, voire détruire une vie ; l'attention sadique de certains bourreaux est tout entière ancrée dans le moment présent lorsqu'ils s'appliquent à torturer leur victime.

Il est impossible de lister toutes les situations négatives, tragiques, voire horribles, au cours desquelles l'attention se doit d'être parfaite, mais en voici quelques-unes : l'œil du sniper au moment d'appuyer sur la gâchette ; le poseur de bombes qui effectue les derniers branchements sur son engin ; le voleur à la tire qui vide le sac d'une vieille dame sans se faire voir des autres... Dans ces cas, l'attention est bel et bien dans le moment présent, mais c'est le petit moi, à la tête de l'une de ses identités multiples, qui se tapit derrière ces gestes. Le petit moi et sa peur de mourir. Rusé, il pénètre la conscience comme un virus. Il peut, par exemple, placer toute son attention sur les paroles d'une personne et, par la suite, reprendre ces paroles en son nom devant un auditoire qu'il veut séduire. Derrière la supposée « écoute » se trouvent Pensouillard et son besoin d'accomplissement. Un cul-de-sac dans une roue !

Les plus grandes maladies de tous les temps ne sont pas la peste ou le choléra, ce sont le syndrome d'hyperactivité et le déficit d'attention. Véritable pandémie moderne, ils touchent tous les « petits moi » qui veulent être aimés. Mais c'est peine perdue ! Le petit moi sera toujours isolé, séparé, divisé... Il n'y a que lui qui compte à ses yeux. Comment le faire comprendre à tous ceux qui sont atteints ?

On nous dit souvent de « lâcher prise », expression aussi populaire que le « moment présent », mais nulle part n'est expliqué qui doit lâcher prise. Encore le petit moi ? Le petit moi ne lâchera jamais prise. Il se résigne, fait des compromis, négocie au mieux. Lâcher prise, c'est mettre l'activité mentale-ego en position off ! Ce n'est pas le petit moi qui renonce – il ne renonce jamais, il en est incapable –, c'est le petit moi qui disparaît et l'activité mentale-conscience qui apparaît. C'est le passage le plus difficile d'entre tous : celui du petit moi à la conscience. Et dans l'activité mentale-conscience véritable, celle qui est capable d'observer toutes les tractations du petit moi, ses manipulations et ses ruses (et d'en rire !) il n'est plus de besoin de permanence, d'immortalité, de durée. Il y a le sentiment profond d'être relié à tout, dans le moment présent. La réalité !

Exercice

Dans un restaurant, une salle d'attente, au travail, à un dîner de famille, prenez le temps d'écouter le discours des personnes qui vous entourent. Identifiez les pensées pleines de petit moi – vous verrez, elles sont nombreuses –, observez les réactions physiques qu'elles déclenchent chez les personnes qui les expriment et chez celles qui les écoutent. Demandez-vous qui, dans cet endroit, est vraiment dans le moment présent. Vous comprendrez immédiatement pourquoi il est urgent d'apprendre à décroître.

PAUSE-CONSCIENCE

LA MORT

> « *Toute lumière que vous lui donnez vous sera retournée.* »
>
> JEAN-JULES SOUCY

Certains humains croient dur comme fer que Pensouillard poursuit sa course après la mort de leurs neurones, que leur roue continue de tourner dans une espèce d'animalerie éternelle située dans l'au-delà. J'imagine parfois ce paradis où des milliards de hamsters tourneraient les uns à côté des autres en admirant ce qu'ils ont fait de la vie... J'en ai des frissons !

Néanmoins, il y a quand même la mort de ceux qu'on aime, la mort des hommes ou femmes avec qui nous avons choisi de vivre, celle des enfants que nous avons eus, celle de parents, de frères et de sœurs, et celle d'amis. Leur corps dissous dans la terre (ou les airs, peu importe), et cette mort fait mal ! Ne plus pouvoir caresser une joue, un front, un cou. Ne plus pouvoir entendre un rire, sécher des larmes, moucher un nez. Ne plus pouvoir rassurer, enseigner, éduquer. Ne plus pouvoir tenir une main, la nuit, car l'autre est parti. Cet autre qu'on pouvait prendre dans ses bras. Cet autre qu'on aurait dû écouter davantage. Il/elle n'est plus là.

La douleur existe, réelle, comme du métal chauffé à blanc entre les côtes, des tessons de bouteille charriés dans les artères par le sang, des poumons qui s'embrasent à chaque inspiration. Une douleur sans bon sens.

Il faut autre chose...

Et s'il y avait autre chose ?

Parfois, quand quelqu'un meurt, on voit son esprit entrer dans l'activité mentale-conscience. Les dernières forces ne sont alors utilisées que pour la présence. Pensouillard ne raconte plus rien, car tout ça n'a plus aucune importance, seule la présence compte. Un bras se lève pour entourer un cou, des regards se rencontrent ; on ne cherche plus quoi dire ou quoi faire, car il n'y a pas de route pour se rendre là où on est déjà ! Pensouillard est sorti de sa cage et ne court plus.

C'est donc quand l'esprit est parfaitement silencieux que l'on comprend. On saisit que pour pouvoir vivre et aimer – aimer vraiment –, il suffit que meure le petit moi, cette bête invisible, ce rongeur qui a peur et a besoin de planter des drapeaux ou de faire pipi partout, même sur un cœur !

Et c'est la décroissance personnelle qui fait mourir Pensouillard, en un instant... Pfft ! Disparu, le gros ego !

Cette mort conduit là où il n'y a plus d'images, plus de mots, plus de passé, plus d'histoire. Là où il ne reste que la vie, la vraie ! Éternelle, peut-être...

Conclusion

La résurrection existe

> *« La vraie valeur d'un homme se détermine en examinant dans quelle mesure et dans quel sens il est parvenu à se libérer du moi. »*
>
> ALBERT EINSTEIN

La résurrection, ça vous dit quelque chose ?

C'est un mystère conçu pour faire comprendre l'importance de la mort du petit moi. Il a été conçu par un crucifié qui est réapparu trois jours après avoir été décloué. Il en a d'ailleurs parlé toute sa vie, avec des mots d'enfant comme : « Bienheureux les pauvres d'esprit, car le royaume des cieux est à eux. » On pourrait le traduire ainsi : « Bienheureuses les cervelles dans lesquelles Pensouillard ne court plus, car elles ont enfin trouvé la sainte paix. »

L'explication du mystère de la résurrection est simple : quand Pensouillard lève les pattes, il y a la vie ! C'est pareil pour un grain de blé, il faut qu'il meure pour qu'il y ait la vie. Ces mots viennent aussi du crucifié, il l'a dit dans une parabole à des pêcheurs qui ne connaissaient pas grand-chose à la culture du blé. (Une parabole est une histoire dans laquelle on peut mettre beaucoup de mots d'enfant.) Voilà pourquoi on a pu revoir cet énergumène, même après une crucifixion : en vérité, c'est le petit moi – le hamster – qui est mort en lui, pas lui !

Quand il est réapparu, après avoir séjourné dans une grotte qui avait l'allure d'un tombeau, le rongeur n'était plus là ! Disparu, le parasite ! Fini le tapage inutile ! Cet homme était tellement heureux qu'il flottait. On aurait dit qu'il était ressuscité. On aurait même pu croire qu'il allait monter au ciel ; c'est comme ça quand Pensouillard se tait, on croirait que le ciel existe !

Je viens de me rendre compte que vous ne connaissez peut-être pas le crucifié. Je corrige immédiatement cette bourde. Le crucifié est un personnage devenu célèbre pour avoir fait remplir de grandes amphores avec de l'eau, dans un village où on faisait la noce, et avoir donné à cette eau le goût du vin. On ignore encore aujourd'hui s'il avait des cristaux de saveur cachés quelque part, mais il faut reconnaître qu'il s'est très bien débrouillé, car tout le monde en a redemandé !

Il est également devenu célèbre pour avoir permis à des aveugles de voir le hamster dans leur tête. Quand on sait qu'aujourd'hui, même avec des appareils ultramodernes on n'y arrive pas, on se dit qu'à l'époque il fallait quand même le faire !

Mais c'est surtout pour sa résurrection qu'on l'aime. Il s'est servi d'elle pour démystifier la mort du petit moi. Pour montrer que la vie apparaissait vraiment dès lors que Pensouillard disparaissait, ne serait-ce que deux ou trois jours ! Il suffisait qu'elle soit là, la vie, dans toute sa splendeur, pour que des copains la voient et en restent complètement babas ! J'arrive maintenant à la fin de ce livre, je vais donc me taire, mais je tenais à vous parler de résurrection, à ce que vous compreniez bien que dans l'esprit où meurt le petit moi, il y a une éblouissante apparition. Quelque chose que seul le silence peut décrire...

Remerciements

La rédaction de ce livre a exigé des efforts, des nuits blanches, et l'appui de plusieurs personnes. Il est possible que certaines d'entre elles ne soient pas mentionnées. Je les prierais de me pardonner.

Merci d'abord à Jean Paré, parce qu'il y a cru dès le début et qu'il n'a jamais cessé d'y croire. Merci à toute son équipe, plus particulièrement à Mathieu de Lajartre et à Manon Chevalier, pour avoir tenu ma main quand elle allait à nouveau se perdre. Merci à mes amis Paul Baillargeon et Sylvie Lalande, qui ont tout fait pour que je puisse écrire dans des conditions où la chaleur, la lumière et l'électricité n'étaient pas au rendez-vous. Merci à Carmel, Jay et Julien pour avoir transporté la génératrice et les câbles à travers les buissons. Merci à mon ami Michel Brouillette, toujours disponible quand l'informatique ne l'était plus. Merci à Louis et à Nicole, ces parents d'outre-mer, pour leurs encouragements affectueux. Merci à Julie qui, elle aussi, a gardé l'espoir vivant. Merci à mes parents, frères et sœurs, pour leurs clins d'œil complices. Merci à mon ami Rémi de m'avoir permis de rencontrer ces moines, si inspirants, au Népal, et de m'avoir permis de rencontrer Jean Paré. Merci à tous ces autres amis qui ont suivi cette aventure avec leur tendresse : Évangéline, Didier et Émilie, Daniel et Simone, Robert et Marcelle, Marie-Christine, Andrée, Ani Lödrö, et tous ceux qui savent qu'ils ont été là. Merci à Émilie, celle que j'ai souvent osé appeler « ma fille », pour sa patience et sa compréhension. Merci finalement à Danielle pour ses regards, son écoute, ses mots, ses silences, ses sourires, ses rires, sa présence vraie et sa douce compréhension du besoin de solitude qui entoure l'acte d'écrire.

Pour la présente édition, j'aimerais, une fois de plus, remercier Mathieu de Lajartre. Il a fait le pont entre le Québec et la France, un pont auquel je n'avais même pas rêvé. Pont magique puisqu'il m'a permis de rencontrer Florence Lécuyer, Jeanne Castoriano et Pascale Barthel. Merci à ces trois anges pour leur accueil, leur enthousiasme et leur confiance. Merci d'avoir permis à ce livre de vivre sous une autre forme et de faire la rencontre de nouvelles lectrices et de nouveaux lecteurs. Et, par-dessus tout, merci à toutes les trois pour ce qu'il y a de plus précieux en ce monde : leur présence.

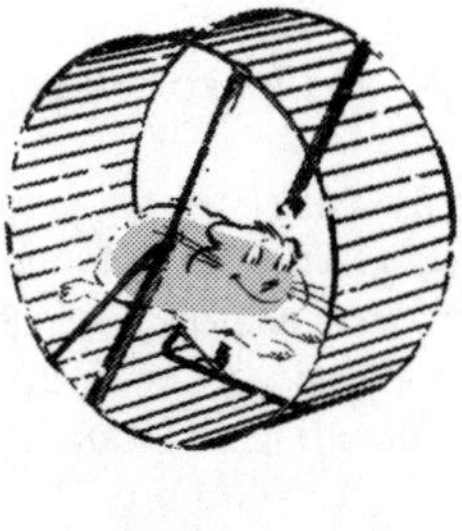

Réalisation : Nord Compo, à Villeneuve-d'Ascq

Achevé d'imprimer en avril 2015
sur les presses de Normandie Roto Impression S.A.S, à Lonrai
N° d'impression : 1501883
Dépôt légal : avril 2015
Imprimé en France